ANNI DYCK

Gute Worte sind Bäume

Allen meinen Freunden gewidmet,
und Helga, meiner ersten Freundin,
die mir in einer kritischen Gesundheitsphase
gegen Ende unserer Indianer-Spielzeit
Mut machte, nicht aufzugeben,
sondern das Leben anzupacken.

Anni Dyck

Gute Worte sind Bäume

ins Erdreich des Herzens gepflanzt

Sätze, die mein Leben prägten

NEUFELD VERLAG

MIX
Papier aus verantwortungsvollen Quellen
FSC® C014496
www.fsc.org

Die Deutsche Bibliothek verzeichnet diese Publikation in der Deutschen Nationalbibliografie; detaillierte bibliografische Daten sind im Internet über www.ddb.de abrufbar

Bibelzitate, soweit nicht anders angegeben, wurden der Bibel in der Übersetzung von Martin Luther in der revidierten Fassung von 1984, durchgesehene Ausgabe in neuer Rechtschreibung, entnommen. © 1999 Deutsche Bibelgesellschaft, Stuttgart

Lektorat: Dr. Thomas Baumann
Umschlaggestaltung: spoon design, Olaf Johannson
Umschlagbilder: © ShutterStock®
Satz: Neufeld Verlag, Schwarzenfeld
Herstellung: GGP Media GmbH, Pößneck

ISBN 978-3-86256-011-0, Bestell-Nummer 588744

www.neufeld-verlag.de

NEUFELD VERLAG

Inhalt

Vorwort 7

Gute Worte sind Bäume 9

1 Vorne hui-hui, hinten pfui-pfui
WERNIGERODE, 1936 10

2 Er führet mich auf rechter Straße
WERNIGERODE, 1942 17

3 Auf meinem Schreibtisch stehen Lilien
WERNIGERODE, MAI 1945 26

4 Wen der Sohn frei macht, der ist recht frei
GOSLAR, JANUAR 1946 33

5 Mit solchen Dingen muss man heilig umgehen
KORNTAL, 1948 41

6 Mein Kind, dies sind irdische Dinge
NIENDORF, OSTSEE, 1950 48

7 Kommt, lasst uns unsern Kindern leben
STUTTGART, 1951 55

8 Wer schaffen will, muss fröhlich sein
STUTTGART, 1952 65

9 ... als dass sie für treu befunden werden
BASEL, 1956 74

10 Ich habe immer zu schnell gehandelt
BASEL, 1957 83

11 Etliche aber … REGENSBURG, 1960 90

12 Der dich gemacht hat, ist dein Mann
MADRAS/CHENNAI, JUNI 1968 97

13 Freuet euch, dass eure Namen im
Himmel geschrieben sind. KORNTAL, 1971 102

14 Der Acker ist die Welt
BATU, INDONESIEN, 1983 109

15 Freue dich am Prozess!
BATU, INDONESIEN, 1987 116

16 Schilt dich selber nicht! SINGAPUR, 1989 123

17 Es kann jedem passieren
JERUSALEM, 1989 128

18 Ich gebe mir selbst einen freien Tag
BEIJING, 1990 135

19 Aber es ist noch kein Gefängnis
HONGKONG, 1994 141

20 Sag es mir! HONGKONG, 1996 148

21 Warum sollte ich bleiben?
BRATISLAVA, 2009 155

22 In jedem von uns steckt ein Kalb
RÖDERMARK, 2009 162

23 Es ist genug da für alle. RÖDERMARK, 2010 167

Nachwort 174

Die Autorin 176

Vorwort

Den Anstoß zu diesem Buch erhielt ich im Oktober 2009 in Bratislava, Slowakei, am Ende eines Gipfeltreffens eigener Art. Keine Großen im üblichen Sinn waren zusammengekommen. Wir waren Menschen aus verschiedenen Kontinenten, junge und alte, die in ihrem Land etwas für Kinder tun. Eine Teilnehmerin rief uns am Schluss zu: „Wir haben sehr viel gehört in diesen Tagen, aber vielleicht geht es heute nur um einen Satz, der dir persönlich gilt. Achte auf den einen Satz, der dein ganzes Leben verändern kann. Wenn du ihn hörst, *deinen* Satz, dann wirst du anders nach Hause gehen, als du gekommen bist."

Dieser Aufruf brachte etwas in mir in Bewegung. Es war wohl *mein* Satz! Ich begann aufzuschreiben, welche Sätze mich während eines langen Lebens geprägt und verändert haben. Es ist sehr wichtig gewesen, sie zu hören, sie Wurzeln schlagen zu lassen und ihnen zu erlauben, mich zu verändern. Einige Sätze waren mir sofort gegenwärtig, andere tauchten erst langsam aus der Erinnerung auf.

Es gibt Sätze, die unser Leben zerstören. „Aus dir wird nie etwas!" ist solch ein Satz. Je früher er uns gesagt wird, desto tiefer sind seine Wurzeln, seine zerstörende Wirkung. Aber nicht über solche zerstörenden Sätze will ich schreiben. Nicht diesmal. Ich denke an Sätze, die aufhorchen ließen, Richtung wiesen, zum Guten veränderten, vor Irrwegen bewahrten. Irrwege geht man ja nicht nur mit den Füßen, sondern zuerst im Geist und in den Gedanken.

Woher kommen solche Sätze? Von Freunden, von Kritikern, aus Gottes Wort und manchmal auch direkt aus Gottes persönlichem Reden zu uns.

Die kurzen Kapitel in diesem Buch sind Fragmente aus meinem Leben, kostbare Steine. So ist es ein recht persönliches Buch. Vielleicht kommen dem einen oder anderen beim Lesen selbst prägende Sätze aus dem eigenen Leben in den Sinn und ermutigen dazu, weiter hinzuhören auf solche Sätze, die in unser Leben hineinsprechen und uns verändern.

Gute Worte sind Bäume

Gute Worte sind Bäume
ins Erdreich des Herzens gepflanzt,
dort zu wurzeln, zu wachsen
und Frucht zu tragen.

Manchmal sitze ich im Schatten
eines solchen Baumes
und denke dankbar an den,
der mir dieses Wort sagte,
der diesen Baum pflanzte,
dessen Frucht mich nun nährt.

Manchmal schlinge ich meine Arme
fest um einen solchen Stamm,
wenn Sturm der Versuchung aufkommt
und mich in eine andere Richtung reißen will.
Dann gibt der Baum mir Halt,
bis der Sturm sich gelegt hat.

Gute Worte sind kostbare Geschenke!
Manchmal kommen sie direkt
aus der Ewigkeit – Gottes Worte!
Ihre Wurzeln sind tief,
ihr Stamm gewährt Halt,
ihr Schatten schützt,
ihre Frucht nährt uns.

Anni Dyck

1 Vorne hui-hui, hinten pfui-pfui

WERNIGERODE, 1938

Alles, was sich reimte, hatte eine Chance bei mir. Das habe ich wohl von Mutter geerbt. Meine Großmutter in der Ukraine hatte ihre kleine Tochter an einem Waschtag auf einen Hocker gesetzt, weil sie zuschauen wollte. Da hörte sie sie ein Gedicht aufsagen. Ganz überrascht drehte sie sich um und fragte: „Was sagst du da?“ Ihre Tochter hatte die gereimte Anleitung für die Waschmaschine auswendig gelernt, die ihr die Hausangestellte wohl einige Male vorgelesen hatte. „Da muss ich dir bald etwas Vernünftigeres zum Auswendiglernen suchen“, meinte die Mutter.

Solange wir vier Geschwister klein waren, putzte Vater unsere Schuhe. In einem hölzernen Schuhputzkasten mit Deckel wurden Bürsten, Lappen und diverse Schuhcremedosen ordentlich aufbewahrt. Vater hatte kräftige Hände und die Schuhe glänzten nach dem Putzen nur so. Dann hieß es eines Tages: „Ihr seid nun groß genug, um eure Schuhe selbst zu putzen.“ Obwohl wir uns Mühe gaben, merkte Vater bald, dass unsere Schuhe nicht mehr so ordentlich aussahen wie unter seiner Pflege. Wir hatten die Kappen und Seiten eingecremt und spiegelglatt gebürstet, die Rückseite aber recht stiefmütterlich behandelt. Vaters gereimtes Verdikt zu unseren Putzbemühungen lautete: „Vorne hui-hui, hinten pfui-pfui.“ Er erklärte uns, dass wir zwar nur die Vorderseite unserer Schuhe sähen, wenn wir sie anhatten, aber andere Leute auch die Rückseite beachten würden. Danach versuchten wir es besser zu machen, zuerst um von Vater gelobt zu werden. Und dann befriedigte es uns mit der Zeit, mit gut geputzten Schuhen aus dem Haus zu gehen.

Das Prinzip, das Vater uns lehrte, ging aber über das Schuheputzen hinaus. Es war das Prinzip nach dem er lebte, dass nämlich vorne und hinten, innen und außen, Schein und Sein übereinstimmen müssten. Das begann mit praktischen Dingen, dass es zum Beispiel im Badezimmer genau so ordentlich aussehen musste wie im Wohnzimmer – Waschbecken und Badewanne tadellos sauber gerieben; dass der Keller genau so aufgeräumt sein sollte wie die Küche, was auch Mutters Bemühen war. Es war nicht recht, hintenherum zu sprechen und dann eine freundliche Front zu zeigen. Vorne hui-hui, hinten pfui-pfui galt sogar für solche Dinge. Einmal hätte Vater allerdings durch seine ehrliche, direkte Art fast seine Stelle verloren.

Sein kleiner Sohn machte es ihm nach. Einmal kam die Gemeindeschwester Mutter besuchen, während wir gerade mit einer schönen Beschäftigung zusammensaßen. Mutter ging mit ihr in das kleine Besuchszimmer. Als der Besuch gar nicht wieder gehen wollte, wir aber gerne mit Mutter weiterbasteln wollten, machte mein Bruder die Tür auf und sagte höflich aber ohne Umschweife: „Auf Wiedersehen, Tante Elisabeth.“ Sie nahm es ihm sehr übel, stand auf, verabschiedete sich und kam so schnell nicht wieder.

Was sollte Mutter da sagen? Die Balance zwischen Aufrichtigkeit und Höflichkeit und endlich zu aufrichtiger Höflichkeit zu finden, ist nicht so einfach. Trotzdem: Ein festes Prinzip ist eine gute Leitplanke bei diesem Lernen.

Für mich wurde es dann aber wieder ganz praktisch. Während der Schulferien hatte jedes Kind in unserer Familie ein festes Amt. Erst wenn die Arbeit getan war, durften wir spielen gehen. Meine Aufgabe war, an jedem Morgen im Wohnzimmer Staub zu putzen. Wie langweilig, jeden Morgen wieder das gleiche! Ich war versucht, die sichtbaren Flächen wie das Klavier und die Kommode, auf denen der Staub deutlich zu sehen war, abzuwischen. Aber mussten denn auch die Stuhlbeine und der Tischfuß jeden Morgen abgestaubt werden? Wenn ich die ab und zu ausließe, würde das sicher niemandem auffallen. Aber: „Vorne hui-hui, hinten pfui-pfui!“ Was machen, um der täglichen Langeweile zu entgehen? Ich fertigte mir eine Liste an, auf der ich alle Möbelstücke aufschrieb. Während ich dann den Staub abwischte, ging ich ab und zu an meine Liste und machte hinter jedem Möbelstück, das ich abgestaubt hatte, ein Kreuz. Jetzt war die Sache interessanter. Kein Möbelstück wurde übersehen, und ich sah meinen Fortschritt an der zunehmenden Zahl der Kreuze.

Schwierigkeiten hatte ich auch mit anderen Hausarbeiten. Der Samstagsputz war mir sehr zuwider, und ich war dabei vielleicht auch wenig zu brauchen. Deswegen ernannte mich meine Mutter gewissermaßen zum Außenminister und übertrug mir die Botengänge. Meine ältere Schwester ging nicht gern allein auf solche Gänge, sie wollte immer jemand von ihren Geschwistern dabei haben. Im Haus jedoch war sie Mutter eine große Hilfe. Mir machte es gar nichts aus, allein unterwegs zu sein. Da konnte ich meinen Gedanken nachhängen und es war interessant, andere Leuten zu besuchen und ihnen etwas von Mutter auszurichten, der Waschfrau, wann bei uns der nächste Waschtag sei, der Schneiderin, wann wir zur Anprobe der neuen Mäntel kommen könnten. Auch zum Einkaufen war ich brauchbar. Mutter lag daran, dass wir unsere Aufgaben gern taten. Einmal, als ich das Zimmer von unserer Flüchtlingsfamilie saubermachen sollte und absolut keine Lust dazu hatte, sagte Mutter nur: „Aber du hast sie doch lieb?" Der Satz genügte, um mich an die Arbeit zu bringen.

Die schlimmste Stunde am Tag war die nach dem Essen, wenn es an den Riesenabwasch ging. Mutter gönnte sich jeden Mittag eine Stunde Ruhe, weil sie oft unter Kopfschmerzen litt. Das war auch die einzige Zeit, in der sie ihre interessanten Bücher lesen konnte, außer den Abendstunden beim Strümpfestopfen, wo Vater ihr manchmal vorlas. Auch unser Pflichtjahrmädchen sollte mittags eine Stunde frei haben. Also blieb der Abwasch für meine Schwester und mich, Tag für Tag, Mittag für Mittag. Mir graute vor dem Berg schmutzigen Geschirrs, denn wir waren immerhin sechs Esser am Tisch. Ich brauchte zwar nicht abwaschen, damit wäre ich wohl auch kaum fertig geworden. Meine Schwester wusch ab, aber ich musste abtrocknen, und wenn sie sich über mich ärgerte, schickte sie mich mit dem Haferflockentopf zum Ausguss, wie wir ihn nannten, um ihn vorzuwaschen. Da war das schleimige Zeug noch drin und ich ekelte mich davor. Manchmal stritten wir uns auch während des Abwaschens und so dauerte die ganze Prozedur viel länger, als sie es wert gewesen wäre. Aber wir verließen die Küche blitzsauber.

Eines Tages machten wir einen Besuch bei dem Ehepaar Kroeker auf dem Lindenberg. Während Vater und Mutter noch im Gespräch mit ihnen zusammensaßen, gingen wir im Garten spielen. Da schickte Gott mir einen Engel in Menschengestalt, der Kinder verstand und meinem Abwaschelend ein Ende machte. Eine Bekannte von Kroekers traf uns im Garten und fragte uns freundlich, wie es uns zu Hause denn so ginge, ob wir auch schon helfen müssten. Wir bekannten ihr etwas kleinlaut, dass wir jeden Nachmittag abwaschen müssten und uns oft dabei zankten. Da sagte sie: „Wie schade, dann dauert es ja viel länger." Wir nickten zustimmend. Da fuhr sie fort: „Wisst ihr, ihr müsst nicht nur die schmutzigen Teller und Töpfe sehen. Ihr müsst euch vorstellen, dass das alles eure Kinder sind, die einfach ein Bad brauchen, um wieder sauber und hübsch auszusehen." Das war genau das, was ich brauchte! Meine Fantasie war angeregt, und es klappte. Wir schafften es besser und schneller.

Ich habe viele Jahre später in den USA eine Freundin, die Künstlerin war und Mutter von fünf Kindern, vor einem Abwaschberg stehen sehen. Sie bekannte, dass sie manchmal nicht darüber hinaussähe und auch weinte, ehe sie an die Arbeit ginge. Aber sobald jemand da wäre, der ihr während des Abwaschens Geschichten erzählte, würde sie die Arbeit leicht tun können. Da fiel mir mein Engel in Kroekers Garten wieder ein. Und solange ich zu Gast in dieser Familie war, erzählte ich ihr gerne Geschichten während sie abwusch und ich abtrocknete.

Während wir im Haus beschäftigt waren, übernahm Vater den Garten. Er war sehr fleißig, denn er stammte aus einer Mennonitenkolonie in der Ukraine, wo fast alle Landwirte waren. Das Arbeiten auf dem Land lag auch Vater im Blut. Wenn er von der Arbeit im Missionsbüro „Licht im Osten" nach Hause kam, ging er vom Frühling bis in den Herbst im Garten arbeiten. Unser Haus lag an der Straße. Hinter dem Haus stieg der große Garten leicht an und fiel nach hinten recht steil ab. Vater hatte gleich zu Anfang auf der obersten Stelle des Gartens einen Sitzplatz eingerichtet, zu dem einige breite Stufen hinaufführten. Von dort konnte man den Brocken, den höchsten Berg im Harz, sehen. Deswegen erhielt dieser Platz den Namen Brockenblick. Er wurde auch unsere Wetterwarte. War der Brocken weit weg, wurde es gutes Wetter. Sah man ihn nahe, schlug das Wetter um. Den verwilderten Hang zur Rechten des abfallenden Gartenteils hatte Vater in der Mitte eingeebnet, sodass eine schattige Laube entstand, in der Mutter auch mit Gästen Kaffee trinken konnte. Es war allerdings ein weiter Anmarsch, wenn man auf dem Tablett das Kaffeegeschirr in die Laube bringen musste. Auf dem Brockenblick und in der Gartenlaube haben wir viele schöne Stunden als Familie und mit den Gästen verbracht, die durch unser Haus gingen.

Am unteren Ende des Abhanges pflanzte Vater Beerensträucher. Unser ganzer großer Garten war von oben bis unten, bis zum hinteren Gartenzaun Hui-Hui, und wir Kinder mussten mithelfen, dass es so blieb. Das Ehepaar Stoffregen, das uns Haus und Garten für einen sehr günstigen Preis vermietet hatte, wohnte in Süddeutschland. Nur einmal kamen sie uns besuchen, um nach dem Rechten zu sehen. Sie waren so zufrieden mit Vaters und Mutters Pflege von Haus und Garten, dass es in den dreizehn Jahren, für die sie uns das Grundstück vermietet hatten, bei diesem einen Besuch blieb.

Heute, im Ruhestand, wohne ich wieder in einer Wohnung, wo ich jede Woche zwei Tischfüße Staub putze, die so ähnlich aussehen wie unser Tischfuß daheim. Dazu kommen vier Polsterstühle um den Tisch herum mit Knäufen und Leisten, und ich erinnere mich. Aber ich lege keine Liste mehr an. Vaters Prinzip hat sich verinnerlicht. Es ist eine große Befriedigung, wenn es hinten wie vorne, innen wie außen stimmt, wenn Schein und Sein übereinstimmen. Es macht alles so viel einfacher und geradliniger, aber es braucht Aufmerksamkeit und oft auch beharrliches Dranbleiben, Dinge in Übereinstimmung zu bringen.

2 Er führet mich auf rechter Straße

WERNIGERODE, 1942

Vater war im Krieg, eingezogen als Dolmetscher in einem Gefangenenlager in Russland. Das brachte für unsere Familie eine große Umstellung, wie sie viele Familien im Zweiten Weltkrieg erlebten. Wir merkten erst jetzt, als er nicht mehr da war, wieviel er in seiner stillen Art im Familienbetrieb geordnet und verantwortet hatte. Nun fiel alles auf Mutter.

Mit großer Erwartung sahen wir täglich dem Briefträger entgegen, ob er wohl einen Feldpostbrief in den Kasten werfen würde. Manchmal zog er ein Päckchen mit Speck aus seiner Posttasche, den Vater von einer russischen Dorffrau für Zigaretten eingehandelt hatte. Ein anderes Päckchen enthielt ein aus Holz geschnitztes Spielzeug, dass ein Mullah in seiner Freizeit im Gefangenenlager für uns geschnitzt hatte. Vater hatte ihm Fotos von uns gezeigt. Und dann kam ein Brief mit einer besonderen Einlage für mich.

Ich war wieder einmal krank und musste das Bett hüten. Um die Mittagszeit brachte Mutter mir ein kleines Kärtchen; darauf war ein Hirte mit seinen Schafen zu sehen und darunter stand der Spruch aus Psalm 23: *Er führet mich auf rechter Straße um seines Namens willen.* Es war ein sogenanntes Fleißkärtchen, wie wir es als Kinder bekamen, wenn wir eine Reihe von Sonntagen regelmäßig zum Kindergottesdienst gekommen waren. Vater hatte immer eine ganze Auswahl dieser Kärtchen in seinem Missionsbüro gehabt, in deutscher und russischer Sprache, und wohl auch einige zum Verteilen mit nach Russland genommen. Auf der Rückseite hatte Vater mir einige Zeilen geschrieben.

Der Satz auf diesem Fleißkärtchen ist der erste Bibelspruch, an den ich mich bewusst erinnern kann. Ich frage mich manchmal, warum er sich mir so unvergesslich eingeprägt hat. Vielleicht weil das Kärtchen von meinem Vater kam und mir zeigte, dass er an mich dachte, auch wenn er weit weg in Russland war. Dazu erhielt ich es zu einer Zeit, in der ich besonders empfänglich war für persönliche Zuwendung. Ich hatte Zeit, das Bild und den Spruch und Vaters Zeilen an mich immer wieder anzusehen und zu lesen. Es war, als hätte mein Vater mir einen persönlichen Krankenbesuch gemacht.

Vielleicht wurde der Vers mir auch deshalb so wichtig, weil ich wusste, dass mein Vater Jesus, dem guten Hirten, im fernen Russland vertraute. Gott hatte ihn einen Weg geführt, der ihm nicht gefiel, der ihn in den Krieg und in sehr viel Elend hineinführte, das er in den Gefangenenlagern als Dolmetscher mit ansehen musste. Er erzählte uns ganz verhalten davon, wenn er auf einem kurzen Heimaturlaub nach Hause kam. Die deutschen Wehrmachtsoffiziere behandelten die russischen Gefangenen wie Menschen niederster Klasse, Barbaren, die ihnen nun als Gefangene ausgeliefert waren. Sie vergaßen dabei, dass nicht sie, sondern unser Land den Krieg angefangen hatte. Für Vater aber waren es Leute, unter denen er aufgewachsen war, bis er nach dem ersten Weltkrieg als Achtzehnjähriger aus der Ukraine nach Deutschland gekommen war. Er konnte mit ihnen in ihrer Sprache sprechen und gewann so ihre Herzen. Sie vertrauten sich ihm an, wenn er zur Stubenkontrolle durch das Lager ging.

Vater konnte diesen Weg gehen, weil er wusste, dass der Gute Hirte, dem er sein Leben anvertraut hatte, ihn auf rechter Straße führte, *um seines Namens willen!* In seinem Auftrag suchte er nun dort, wo er war, Menschen zu helfen und sie zu erfreuen. Wie manchen Gefangenen konnte er in der Trostlosigkeit seines Zustands auf Gott hinweisen. Gerne lieh er ihnen seine russische Bibel oder sein russisches Neues Testament. Einmal während einer Stubenkontrolle durch einen höheren Offizier sah dieser die russische Bibel in einem und das Testament im nächsten Zimmer auf dem Tisch der Gefangenen liegen. Er wandte sich zu Vater um: „Ist das von ihnen?" „Zu Befehl, Herr Hauptmann!" Er erntete einen erstaunten Blick seines Vorgesetzten und die Rückfrage: „Ja glauben sie denn, das die das lesen?"

Vater blieb seinem Auftrag treu, dem russischen Volk zu dienen, auch als er aus dem Krieg zurückkam und wir bald darauf die russische Zone verließen. Von Westdeutschland aus half er beim Wiederaufbau des Missionsbunds „Licht im Osten". Als das Wirken nach Russland hinein einige Jahre lang nicht mehr möglich war, besuchten er und andere Mitarbeiter Flüchtlingslager, in denen Menschen aus Russland und anderen Ostgebieten Unterschlupf gefunden hatten. Sein Herz schlug immer für die Armen, ob sie nun die gute Botschaft brauchten oder ob es ihnen an Nahrung und Kleidung fehlte. Er war bereit, alles für sie einzusetzen, was er hatte. Nach seinem Tod fanden wir einen Pfennig in seinem Portemonnaie.

1961 bekam Vater einen Schlaganfall, während er einer griechischen Flüchtlingsfrau Kleider aus dem Vorrat im Kellerraum des Missionsbundes heraussuchte. Er starb eine Woche später im Leonberger Krankenhaus. An seinem letzten Tag auf dieser Erde gaben wir ihm aus einer Schnabeltasse zu trinken. Da sagte Vater trotz seiner Schwäche noch ganz spontan: „Das muss man dem Roten Kreuz sagen, dass sie allen Sterbenden aus solchen Tassen zu trinken geben." Am Abend ging er heim. Der Spruch auf meinem Kärtchen: *Er führet mich auf rechter Straße um seines Namens willen* und Vaters Vorbild blieben sein Vermächtnis an mich.

Einige Jahre später fuhr ich mit meiner kleinen Nichte Schlitten. Unvermittelt sagte sie zu mir: „Du hast keinen Papa mehr, dein Papa ist gestorben." Ich nickte. Und dann, nach einer Weile des Nachdenkens, kam es ganz erleichtert: „Aber du brauchst auch keinen Papa mehr, du kannst schon allein reisen."

Ja, ich konnte allein reisen! Unter der Führung des Guten Hirten. Wie sieht diese Führung aber nun ganz konkret aus? Das ist eine heiße Frage unter Christen. Kann man sich seiner Führung gewiss sein? Nicht erst im Zurücksehen, sondern schon wenn man in eine bestimmte Richtung gehen sollte oder eben nicht, wenn man eine Entscheidung treffen muss, irgend eine...Viel ist über das Thema Führung geschrieben und viele guten Ratschläge gegeben worden. Trotzdem müssen wir unsere eigenen Erfahrungen auf unserem eigenen Weg machen.

Ich denke an die entscheidenden Wegkreuzungen meines Lebens, an denen ich Führung erfahren habe.

Die Berufswahl war eine wichtige Entscheidung. Meine Begabung? Freude an Büchern, an Literatur, am Schreiben. Dazu kam ein wachsendes pädagogisches Interesse, gefördert durch ein Sommerpraktikum in einem Kinderheim an der Ostsee. So machte ich eine zweijährige Ausbildung als Kindergärtnerin im Fröbelseminar Stuttgart. Während der Sommerferien nach meinem ersten Jahr nahm ich als Helferin an einer Kinderbibelfreizeit in Heilbronn teil. Ich spürte in den zwei Wochen, dass auch Kinder nicht von Brot und guter Erziehung allein leben, sondern *von einem jeden Wort, das aus dem Mund Gottes geht.* Dort wurde mir mein Lebensziel gezeigt: Kindern Gottes Wort so verständlich nahezubringen, dass sie es mit Freuden aufnehmen. Eine zweijährige Ausbildung am *Goshen College* und am *Bethel College,* USA, gab mir das Rüstzeug dazu und war die Ergänzung zu meiner pädagogischen Ausbildung in Stuttgart. Während meines zweiten Studienjahres kam die Anfrage, ob ich bereit wäre, eine Stelle im Agape-Verlag in Basel anzunehmen, dessen Ziel es war, biblisches Material für Kinderfreizeiten herauszugeben. Das war die ideale Kombination für mich, für die ich nun auch ausgebildet war: Kinder und Bücher. Dabei bin ich fünfzig Jahre lang geblieben!

Als Missionarin nach Indonesien zu gehen war die zweite große Entscheidung, die auf mich zukam als ich schon fast vierzig Jahre alt war. Mir hatte die Arbeit im Agape-Verlag Erfüllung gebracht. Ich hatte nicht vor, von Basel wegzugehen, und nie daran gedacht, Missionarin zu werden, noch viel weniger in einer übergemeindlichen Glaubensmission. Aber das Nest wurde aufgestört. Es begann mit einem neuen Erfülltwerden mit dem Heiligen Geist, das mir half, Gottes Wort tiefer und lebendiger zu hören und auch Gottes persönliches Reden zu mir. Ich bat um zwei Monate unbezahlten Urlaub und flog auf inneres Drängen nach Indonesien. Dort sah ich die großen Scharen von Kindern und den Mangel an gutem biblischen Unterrichtsmaterial. Als ich zurückkam, merkte ich bald, dass unser Verlag sein Ziel erreicht hatte. Wir übergaben die Agape-Serie, Bibelkurse für zehntägige Kinderfreizeiten für 5- bis 14-Jährige, dem Brunnen-Verlag, Basel. Damit war ich frei einen neuen Weg einzuschlagen. Ich meldete mich als Missionskandidatin bei dem Weltweiten Einsatz für Christus in Vockenhausen bei Eppstein an.

Von Indonesien nach Hongkong überzusiedeln war nur teilweise meine Entscheidung. Nachdem ich 18 Jahre im Inselreich Indonesien gearbeitet hatte, wurde das Nest aufs Neue aufgestört. Diesmal ging es von der indonesischen Regierung aus, die fand, dass 18 Jahre genug seien, bei meiner Kollegin Ruth Läufer waren es sogar 26 Jahre. Unsere Visa wurden nicht mehr erneuert. Wir waren von heute auf morgen ausgebootet. Zwar kamen wir noch einige Male zurück von Singapur, wo wir jedes Mal einige Tage blieben, um dann mit einem zweimonatigen Touristenvisum wieder einzureisen. Wir brauchten einfach noch einige Monate, um unsere Arbeit abzuschließen. Der Weg, der uns dann nach Hongkong führte, war vorgezeichnet. Schon 1972 hatte Ruth gehört, dass der Herr ihr in späteren Jahren einen Auftrag für China geben würde. Und ich? Da kein Veto von Gott kam, schloss ich mich ihr an.

Gott hatte mir das Wort gegeben: „Der Acker ist die Welt“. China war ein Teil der Welt und ich vertraute, dass Gott mir klar zeigen würde, wenn er mich weiter hinaus führen wollte. Nach einigen Sprachkursen in Beijing wurde Hongkong unser Standort. Dort mietete der Verein *Brücke der Freundschaft,* den wir nach unserem Zurückkommen aus Indonesien gegründet hatten, eine Wohnung. Wir konnten sie gerade noch käuflich erwerben, ehe Hongkong 1997 unter die Oberhoheit Chinas zurückkehrte.

In Hongkong beendeten wir 2003 die chinesische Übersetzung des Kurrikulums. Es war unser Geschenk an China und das Material fand weite Verbreitung, obwohl Kinderarbeit im Grund nicht geschehen durfte. Von Gott her sah das anders aus. Er wollte ganz sichtlich, dass auch die Kinder in China Gutes essen sollten, sein lebendiges Wort. Ich verstand während einer Fürbittestunde mit der Leiterin eines Gebetskreises in der früheren DDR, dass Psalm 23,5 in diese Situation hinein sprach: *Du bereitest einen Tisch vor mir im Angesicht meiner Feinde. Du salbest mein Haupt mit Öl und schenkest mir voll ein.* Andere Länder entdeckten die englische Fassung des Materials und baten um Schulung dort, wo die englische Sprache vorherrschte. Wieder andere baten um das Übersetzungsrecht. Und dann, 2005, wussten wir, dass es Zeit war, unseren Standort nach Deutschland zu verlegen.

Wo will ich mein Alter verbringen? Das war noch einmal eine ganz echte und gar nicht so einfache Entscheidung. Zwei meiner Schwestern wohnten seit vielen Jahren in Kanada. Es hätte auf der Hand gelegen, zu ihnen zu ziehen. Aber noch einmal meine Zelte im Ausland aufschlagen? Mein Bruder und seine Familie lebten in und um Stuttgart herum. Dieses Bundesland war mir vertraut. Sollte ich in ihrer Nähe eine Wohnung mieten? Als ich darüber nachdachte, hörte ich an einem Morgen auf dem Weg ins Büro in Hongkong die Stimme in meinem Inneren, die ich so gut kannte und die nur fragte: „Du hast doch dein ganzes Leben lang in Gemeinschaft gelebt. Wieso jetzt eine eigene Wohnung?“ Erleichtert gab ich zu: „Das stimmt!“ Aber wohin dann? Nur einige Wochen später, im Advent 2003, erhielten Ruth und ich ein überraschendes Angebot. Die Christusträgerschwestern aus Rödermark bei Darmstadt luden uns ein, in ihrem neu erbauten Haus Mamre eine Wohnung zu mieten. Dort zogen wir im April 2006 ein und wissen, dass dieses der von Gott für uns vorbereitete Platz ist.

Er führet mich auf rechter Straße um seines Namens willen. Gilt das nicht allen, die Gott vertrauen? Für manche ist der Weg müheloser und einfacher zu übersehen, andere führt Gott über steile Kurven und durch dunkle Täler. Diese sind dann in guter Gesellschaft mit dem Erzvater Jakob. Sein Leben übertraf das seines Großvaters Abraham an Mühsalen und auch an Reisemeilen. Statt eines willigen Sohnes wie Isaak wuchsen in Jakobs Familie zwölf Söhne heran, die zum Teil recht rau und gar nicht zimperlich miteinander und mit ihrem Vater umgingen. Er verlor seine Frau Rahel bei der Geburt seines jüngsten Sohnes Benjamin. Zwölf Jahre lang lebte er in dem Glauben, dass ein wildes Tier Josef zerrissen hatte, den Sohn, den Rahel ihm geboren hatte. Aber vor seinem Tode fasste er sein Leben Joseph gegenüber, mit dem er in Ägypten wieder zusammengeführt worden war, in dem Bekenntnis zusammen: *Gott ist mein Hirte gewesen mein Leben lang bis auf diesen Tag* (1. Mose 48,15).

Winkel der Welt

In einem Winkel der Welt
muss ich zu Hause sein,
einem Land, einer Stadt,
einem Garten, einem Haus,
wo alle meine Sprache sprechen
und mich verstehen.

In allen Winkeln der Welt
bist du zu Hause, Herr,
und willst dein Werk tun:
In heißen Wüsten und windigen Bergdörfern,
in den Hochhäusern unserer Mega-Cities
und in ihren Slums.

Für alle Winkel der Welt
suchst du nach Leuten – nach mir?
Die ihr Zuhause verlassen
um deine Hände, deine Füße, dein Mund zu sein,
Reichen und Armen, Großen und Kleinen zu sagen,
dass du auf sie wartest.

Aus allen Winkeln der Welt
werden wir einst kommen,
zur Zeit der großen Entwurzelung,
in die Weite deines Reiches,
die dein Sohn uns erworben hat,
dort zu Hause zu sein – für immer!

Hongkong, 2001

3 Auf meinem Schreibtisch stehen Lilien

WERNIGERODE, APRIL 1945

In der ersten Nacht, nachdem die amerikanischen Truppen am Abend unsere Stadt besetzt hatten, gingen wir mit einem unbeschreiblichen Glücksgefühl schlafen: „Diese Nacht werden keine Sirenen heulen und uns in den Luftschutzbunker treiben. Diese Nacht dürfen wir ungestört durchschlafen." Aber dafür gab es nun während der ersten Wochen der Besetzung Ausgangssperre. Die Zeiten, die wir uns außerhalb unserer Häuser bewegen durften, waren überall angeschlagen. Am Anfang waren es nur einige Stunden am Vormittag und frühen Nachmittag. Da konnten wir einkaufen und andere Besorgungen erledigen.

Zum Glück hatten wir einen großen Garten. Wir waren damals vier Teenager in unserer Familie, fünfzehn, vierzehn, dreizehn und zwölf Jahre alt, dazu unsere jüngste Schwester, neunjährig. Mutter hatte zu uns vier Geschwistern noch den Sohn einer bekannten Familie aus Berlin in unsere Familie eingeladen, als die Luftangriffe auf die Hauptstadt immer gefährlicher wurden. Unser Pflegebruder David war altersmäßig zwischen meinem Bruder und mir, also dreizehnjährig. Die Schule fiel aus. Da war das Haus manchmal fast zu klein.

Ich weiß nicht, wie Mutter unsere Familie Tag für Tag satt bekam, denn wir waren alle immer hungrig und die Rationen auf den Lebensmittelkarten knapp bemessen. In den Einkaufsstunden am Vormittag verteilten wir uns gewöhnlich auf verschiedene Läden: einer stand beim Bäcker Schlange, der nächste beim Metzger, der dritte beim Gemüsehändler und einer immer vor dem Lebensmittelgeschäft. Um die Mittagszeit duftete es dann im ganzen Haus appetitanregend, denn Mutter verstand auch mit Wenigem gut zu kochen. Meine ältere Schwester ging ihr dabei manchmal zur Hand und wir anderen deckten reihum den Tisch. Vaters Platz war damals noch leer, er kam erst einen Monat später aus dem verlorenen Krieg im Osten zurück.

Oft saßen außer uns noch andere Gäste mit am Tisch. Ein Stammgast war Tante Lenchen, eine mit uns befreundete Dame aus dem nahe gelegenen Altersheim. Tante Lenchen musste nach dem Essen bald wieder nach Hause gehen, der Ausgangssperre wegen. Auch Fräulein Bernhardi saß immer wieder einmal an unserem Mittagstisch. Sie lebte allein, eine ältere, rundliche Dame von kleiner Statur, mit freundlichen flinken Augen, die schnell ihren Vorteil zu erspähen wussten.

Fräulein Bernhardi dichtete. Wenn nun das Essen abgetragen war, bat sie manchmal um Aufmerksamkeit, um eines ihrer Gedichte vorzutragen. Dann kam für Mutter ein schwieriger Moment. Sie hatte uns Teenager so ungefähr unter Kontrolle während wir aßen, denn wir waren an gute Tischsitten gewöhnt. Aber wenn nach dem Essen ein Gedicht kam, fiel es uns schwer, uns zu beherrschen. Fräulein Bernhardi stand auf, machte einen kleinen

Knicks – hier begann der erste zu feixen – und begann mit hoher Stimme: „Ich bin einmal im Schlosspark spazieren gegangen ...“ Irgend jemand, meistens unser Pflegebruder, kämpfte bereits mit einer verhaltenen Lachsalve, die hinter seiner vorgehaltener Hand wie ein Glucksen klang, während die anderen sich mühsam zu beherrschen versuchten, bis es auch sie erwischte. Vielleicht war ich die einzige, die echt zuhörte, denn ich begann ja auch heimlich zu dichten.

Eines der Gedichte von Fräulein Bernhardi begann: *Auf meinem Schreibtisch stehen Lilien.* Ich erinnere mich nur noch an die zwei letzten Zeilen, wo die Dichterin in den Kelch einer Lilie schaut mit dem sehnsüchtigen Wunsch:

So möcht' ich sein, so rein,
bis in die Tiefe meines Seins hinein!

So jung ich war, hörte ich doch das Verlangen dieser alten Dame aus ihren Zeilen heraus. Denn ich kannte diese Sehnsucht auch! Ich stellte mir vor, wie das sein müsste, in seinem Inneren ganz rein zu sein, so rein wie ein Lilienkelch. War das möglich? Nicht mehr mürrisch, nicht mehr unwillig oder ärgerlich oder empfindlich sein zu müssen, keine versteckten Gedanken mehr zu haben, die man niemandem anvertrauen mochte, offen, freundlich, sauber und rein zu sein? Und zwar, wie Fräulein Bernhardi es ausgedrückt hatte, *bis in die Tiefe meines Seins hinein ...*

Ich bin froh, dass Mutter den Wunsch von Fräulein Bernhardi, ab und zu eines ihrer Gedichte vortragen zu dürfen, gewährte, trotz der Gefahr der verhaltenen Lachsalven. Mich haben die letzten beiden Zeilen des Liliengedichts durch meine Teenzeit begleitet. Ich hatte eine dichterische Form gefunden, um auszudrücken, was ich mir wünschte, wonach ich mich sehnte. Das ist die Gabe der Poesie, das sie Tiefen anrührt und Unausgesprochenem eine Stimme verleiht.

Später in Indonesien fielen mir jene Zeilen des Blumengedichtes manchmal wieder ein. Das Gelände in Ostjawa, auf dem wir ein Jugendzentrum errichtet hatten, lag 1000 Meter über dem Meeresspiegel. In dieser Höhe gediehen auch in den Tropen noch wunderschöne Rosen. Dort hätte Fräulein Bernhardis Gedicht vielleicht begonnen: *In meinem Garten blühen Rosen…* Die mit Tauperlen besetzten Blütenblätter spiegelten Reinheit und morgendliche Frische wider. Ich wohnte und schrieb jahrelang auf diesem Gelände. Die beglückende Nähe zur Natur hatte sicher damit zu tun, dass ich an biblischen Themen über die Erschaffung der Welt für die jüngste Altersstufe arbeitete. Diese Arbeit führte mich tief hinein in die Wunder der Schöpfung, in die Blumen- und Tierwelt, die mich rings umgab und beschenkte. Zu den Rosen kamen die Orchideen und dann die Goldfische in dem Teich unter dem kleinen Wasserfall. Ein Dozent aus Burma zeigte mir, wie sie sich anlocken ließen, um dann Reiskörner aus der Hand zu fressen.

Eines Tages brachte mir ein Mitarbeiter vom Bibelschulgelände im Tal ein winziges Hundebaby auf den Berg, das Schönste aus einem Wurf, versicherte er mir. Es würde ein prächtiger Hund werden. Nur war das kleine Tier zu früh von der Hundemutter weggenommen worden. Zuerst musste ich ihm mit der Flasche zu trinken geben. Mit der Zeit wurde aus diesem kleinen Hundebaby ein schöner Hund, mein Hund, der mich lehrte, keine Angst mehr vor seinesgleichen zu haben. Er wartete ungeduldig auf meine Schreibpause am Nachmittag, denn dann nahm ich ihn an die Leine und er ging mit mir spazieren. Ihm folgten noch manche andere Hundebabys, die auf unserem Gelände heranwuchsen. Bei den Tieren war es ihre Unschuld, die mich bewegte. Die Hunde bewachten unser Gelände, waren unsere guten Freunde und erkannten uns gleichzeitig als ihre Herren an. Vor Sonnenuntergang – das ganze Jahr über pünktlich um 17.30 Uhr – tobten sie noch einmal ausgelassen durch unser weites eingezäuntes Gelände und freuten sich ihres Lebens, Geschöpfe Gottes, die keine moralische Schuld kannten! Um unseretwegen waren sie aus dem Paradieses vertrieben worden und sehnten sich dahin zurück, so schien mir. Aber sie müssen auf uns warten, auf die Erlösung von uns Menschen aus aller Schuld.

Diese Gedanken fand ich in Römer 8,19–21: *Das ängstliche Harren der Kreatur wartet darauf, dass die Kinder Gottes offenbar werden. Die Schöpfung ist ja unterworfen der Vergänglichkeit ohne ihren Willern, sondern durch den, der sie unterworfen hat, doch auf Hoffnung; denn auch die Schöpfung wird frei werden von der Knechtschaft der Vergänglichkeit zu der herrlichen Freiheit der Kinder Gottes. Denn wir wissen, dass die ganze Schöpfung bis zu diesem Augenblick mit uns seufzt und sich ängstigt.*

Mir ging ganz neu auf, dass wir Menschen an diesem Leiden der Kreatur schuld sind. (Mein erster Hund, Boy, wurde von einem Mann aus dem nahegelegenen Dorf eingefangen und, wie ich kurz danach erfuhr, geschlachtet und gegessen. Ich erhielt nur seine Leine zurück.) Und doch erfreut uns die Schöpfung immer wieder durch

Schönheit und Lebendigkeit, mitten in ihrer Vergänglichkeit, Blumen, Fische, Vögel, Tiere…

Auf diesem Freizeitgelände, von dem ich eben erzählt habe, fanden jährlich Kurse für Kindermitarbeiter statt, die aus den verschiedensten Kirchen und Gemeinden aus Jawa und von anderen Inseln für zehn Tage zu uns auf den Berg kamen. Während eines solchen Lehrkurses ist mir noch einmal jemand begegnet, der sich von ganzem Herzen danach sehnte, rein zu werden. An einem Abend sprach der Leiter des Kurses sehr persönlich zu den Teilnehmern und lud sie ein, mit Gott ins Reine zu kommen. Ein junger Mann, ein Sonntagsschullehrer aus Mitteljawa, sprang spontan auf und rief: „Ja, ich will kommen und mit dir sprechen. Und dann will ich von diesem Berg nach Hause zurückfahren „sebersih-bersihnya!“ (so rein, wie es nur irgend geht, ganz, ganz rein).

Selig sind, die reines Herzens sind, denn sie werden Gott schauen. Gott hat selbst die Möglichkeit geschaffen, dass wir ihn einmal in seiner Heiligkeit schauen dürfen. Jesu Blut wäscht uns rein von aller Sünde. Oft ist es uns peinlich, von unserem Unreinsein überführt zu werden und zuzugeben, dass wir dies Gewaschenwerden brauchen. Das geht nicht nur Teenagern so, sondern auch uns Erwachsenen. Als Jesus vor Petrus kniete, um ihm die Füße zu waschen, da wehrte dieser zunächst heftig ab: „Niemals sollst du mir die Füße waschen!“ Doch nur wenig später bat er: “… nicht nur die Füße, sondern auch die Hände und den Kopf.“ Petrus sehnte sich danach, ganz rein zu werden. („Sebersih-bersihnya!“, sagte der indonesische Bruder.) Und Jesus erwiderte: *Wer gewaschen ist, der ist ganz rein und braucht sich nur noch die Füße zu waschen. … Ihr seid schon rein um des Wortes willen, das ich zu euch geredet habe* (Johannes 13,1–11; 15,3).

Noch heute brauche ich dieses tägliche Füßewaschen durch Gottes Wort. Mein Verlangen nach Reinheit ist noch gleich stark, wie ich es als Vierzehnjährige am Mittagstisch unserer Familie empfand, als Fräulein Bernhardi ihr Gedicht vortrug *Auf meinem Schreibtisch stehen Lilien* und sehnsüchtig schloss: „So möcht ich sein, so rein, bis in die Tiefe meines Seins hinein."

4 Wen der Sohn frei macht, der ist recht frei

GOSLAR, JANUAR 1946

Es ist der 13. Januar 1946. An diesem Abend ging die erste Allianzgebetswoche zu Ende, die nach dem 2. Weltkrieg in Deutschland abgehalten werden durfte. Ich hatte sie, vierzehnjährig, in meiner Heimatstadt Wernigerode am Harz erlebt. Jeden Abend war ich mit anderen aus meiner Familie in der Winterkälte eine Dreiviertelstunde hin und zurück zu Fuß gelaufen, um nichts zu versäumen.

Zwei Abende blieben mir in besonderer Erinnerung. Es war der Abend, an dem es um Buße über all das Unrecht ging, das Deutschland anderen Völkern angetan hatte. Am anderen Abend beteten wir für die Mission. Da durften wir über die so lange verschlossen gebliebenen Grenzen Deutschlands – auch was Information aus anderen Ländern betraf – hinaus sehen in die Völkerwelt, in der Gott am Werk war.

Als wir am letzten Abend dieser gesegneten Woche nach Hause kamen, wusste ich, dass ich eine Antwort geben musste auf das, was ich in der Gemeinschaft mit anderen Christen erlebt hatte. Meine Familie war schon schlafen gegangen. Unten in der Küche kniete ich an einem unserer alten weißen Stühle nieder und übergab Gott mein ganzes Leben. Ich bat Gott: „Mach du aus meinem Leben, was dir gefällt. Ich gehe, wohin du mich führst, denn ich will dir gehören."

Ich wusste nicht, dass wir am Freitag darauf, nur fünf Tage später, in Goslar sein würden, auf der anderen Seite der Zonengrenze.

Es war alles ganz schnell gegangen. Am Montagmorgen hatte uns ein gut informierter Bekannter eine wichtige Nachricht zukommen lassen. Wir wussten bereits, dass alle Deutschstämmigen aus der Ukraine, die zu Tausenden im Schutz des zurückflutenden deutschen Heeres nach Sachsen und Thüringen gekommen waren, nach Russland zurückgeschickt werden sollten. Als sie sich in Mitteldeutschland niederließen, war dieses Gebiet noch amerikanische, später englische Zone gewesen. Dann hatten nach einem Abkommen die Russen den anderen drei alliierten Mächten einen Teil von Berlin abgetreten und dafür jene besagten Gebiete besetzt. Danach hatte Vater seine Schwester und ihre fünf Kinder, die sich auch in einem der Lager befanden, zu uns nach Wernigerode geholt, um zu verhindern, dass sie zurückgeschickt wurden. Nun teilte unser Bekannter uns mit, dass künftig diese Russlanddeutschen nicht mehr informiert würden, wann sie sich zu einem Rücktransport melden sollten, sondern einfach abgeholt würden. Zu viele waren auf die Aufforderung hin, sich für den Rücktransport zu melden, schwarz über die grüne Grenze in den Westen geflüchtet. Die zweite Nachricht war, dass nun auch solche in Russland Geborenen zurückgeschickt werden würden, die schon nach dem ersten Weltkrieg nach Deutschland gekommen waren. Darunter fielen auch meine Eltern.

In aller Stille packten wir zunächst die Sachen meiner Tante und ihrer Kinder, die Vater am Mittwoch über die Grenze bringen wollte. Während sie sich auf den Weg machten, begannen wir zu packen, soviel auf einem Handwagen und in unseren Rucksäcken verstaut werden konnte. Mittwochabend kam Vater zurück. Wir durften uns aus Sicherheitsgründen von niemandem verabschieden. Nur eine befreundete Familie baten wir, so lange es möglich sei in unserem Haus zu wohnen, bis wir den Vermieter im Westen benachrichtigen konnten.

An einem Freitagabend, es war der 18. Januar 1946, ließen wir in der Dämmerung Haus und Garten zurück, unsere Kinderheimat, wo wir dreizehn Jahre lang glücklich gewesen waren. Wir verließen unsere Heimatstadt Wernigerode und zogen mit einem bepackten Handwagen nach Ilsenburg, das noch diesseits der Zonengrenze lag. In einem Auffangslager des Roten Kreuzes verbrachten wir die erste Nacht. Dort gaben wir auch die Dinge ab, mit denen wir uns Passierscheine einhandeln konnten, die uns aber noch nicht gleich ausgehändigt wurden. Am nächsten Morgen ganz früh schlossen wir uns einem Zug an, der zum Grenzübergang unterwegs war. Dort wurden Mutter nach einer angespannten Wartezeit die eingehandelten Passierscheine der russischen Kommandantur in die Hand geschoben. Wir reihten uns unserer Nummer entsprechend ein und wurden ohne Beanstandung durchgelassen. Wir waren im Westen!

In der darauffolgenden Nacht, als wir uns im Flüchtlingslager in Goslar zur Ruhe legten, kam die ganze Tragweite dessen, was wir erlebt hatten, über mich. Von allem, was uns vertraut gewesen war, von allen unseren Freunden, die wir gekannt und liebgehabt hatten, trennte uns nun die Zonengrenze. Wir waren in einem Chemiesaal untergebracht, der stufenweise anstieg. Mein Schlafplatz war oben in einem Doppelstockbett, ganz nahe unter der Zimmerdecke. Es war heiß und stickig im Raum. Ich lag, mein Gesicht in die Decken gedrückt, und betete immer wieder nur den einen Satz: „Gott, offenbare dich mir." Es geschah nichts. Dann fiel ich in einen tiefen Schlaf.

Als wir am nächsten Morgen auf einem unteren Bett saßen und als Familie gefrühstückt hatten, zog mein Bruder das schwarze Ziehkästchen mit Bibelsprüchen aus der Tasche, das er noch schnell vor unserem Weggehen eingesteckt hatte. Wir benutzten es an jedem Silvesterabend, um ein Wort Gottes für das neue Jahr zu ziehen. Aber da wir alle Trost nötig hatten, schlug Vater vor, dass jeder sich ein zusätzliches Wort ziehen solle. Mein Wort stand in Matthäus 21,22: *Alles was ihr bittet im Gebet, glaubet nur, so werdet ihr es empfangen.* Welche Antwort! Gott würde mein Gebet erhören! Die Last der schweren Nacht fiel von mir ab. Das war Gottes Wort an mich. Ich hatte ihn gebeten, sich mir zu offenbaren. Und jetzt versprach er: „Auf dein Gebet hin will ich es tun." Das war genug. Ich hatte meine Zustimmung gegeben, dass Gott mich führen dürfe, wohin er wolle. Nun hatte er mich über die Grenze nach Goslar geführt. Und dazu hatte er versprochen, mir zu geben, was ich von ihm erbeten hatte, nämlich sich mir zu offenbaren.

Er begann damit schon am Sonntagnachmittag, genau eine Woche nachdem ich meinem Bund mit Gott geschlossen hatte. Im Gottesdienst der Freien Evangelischen Gemeinde, den wir besuchten, sprach der Prediger über das Wort aus Johannes 8,36: *Wen der Sohn frei macht, der ist recht frei.* Ich habe nur diesen einen Satz aus der ganzen Predigt behalten. Es war wohl der für mich bestimmte Satz. Als Flüchtlinge ohne Besitz und Heimat frei in Jesus! Es galt nun, sich weiter an Jesus zu halten und diese Freiheit in den verschiedensten Aspekten meines Lebens in Anspruch zu nehmen und darin zu stehen.

Mein Satz aus der Predigt in Goslar blieb in mir lebendig und seine Bedeutung hat sich mir tiefer und tiefer erschlossen. Und dann, etwa vierzig Jahre später, begegnete ich dem Satz noch einmal, wenn auch in leicht veränderter Form.

Diesmal waren meine Kollegin Ruth Läufer und ich am *Central Baptist Seminary* in Kansas City, Kansas, USA, um die letzten akademischen Voraussetzungen zur Erlangung eines „Master of Arts in Religious Studies" zu erfüllen. Wir hatten dieses Studium zusammen mit einigen indonesischen Kollegen in unserem Freizeitheim in Junggo bei Batu begonnen und wollten nun den Abschluss in diesem Seminar machen, das uns später den Magistergrad verlieh. In einem Fach, das wir belegen mussten und das zunächst nicht unser Lieblingsfach war, lehrte ein junger Professor neue Wege zur kreativen, ganzheitlichen Erfassung des Wortes Gottes. Manchmal bat er seine Studenten, die Augen zu schließen und ihm in unserer Vorstellung an den Ort zu folgen, den er uns beschrieb, in der ein bestimmtes Wort Gottes dann eine tiefere Bedeutung gewann. An einem Vormittag gegen Ende dieses Kurses nahm er uns in Gedanken mit auf eine Wanderung durch eine hügelige

Landschaft, die uns zuletzt zu einer alten kleinen Kapelle brachte. Wir traten in unserer Vorstellung durch die schwere Holztür, die sich knarrend in ihren Angeln drehte, ins Innere der Kapelle ein, stiegen einige ausgetretene Steinstufen hinab in einen unteren Andachtsraum. Auf dem Altar lag eine aufgeschlagene Bibel. Unser Professor wies uns an, still zu lesen, was dort für einen jeden von uns stand. Für mich war es das Wort aus 2. Korinther 3,17: *Wo der Geist des Herrn ist, da ist Freiheit.* Dieses Wort fügte sich nahtlos an das Wort aus Goslar an: *Wen der Sohn frei macht, der ist recht frei.*

Immer wieder habe ich erfahren, dass, wenn Gott uns auf besondere Weise solche Worte zuspricht, sie unser Besitz für immer werden und ihre Bedeutung sich in unserem Leben mehr und mehr entfaltet. Was mich bei dem zweiten Wort erstaunte und froh machte, war die Erweiterung. Es ist zunächst Jesu Leben, Leiden und Sterben, das uns Freiheit bringt,

- Freiheit von Sünde,
- Freiheit von Furcht,
- Freiheit von Verdammnis,
- Freiheit, mit dem Vater in Verbindung zu treten,
- Freiheit, sich selbst zu sein als ein von Gott erschaffener, erlöster und geliebter Mensch.

Nun kam die dritte Person der Gottheit hinzu, der Heilige Geist, der in uns Raum nimmt und das Werk der Gnade unterstützt, das Jesus in uns wirkt. Genau in dieser Reihenfolge hatte ich Gott erfahren und war in der Freiheit gewachsen, je mehr ich Gottes Geist in mir Raum gab. Diese Freiheit des Geistes hatte ich auch in der Gemeinschaft von Menschen in den verschiedensten Denominationen und Ländern gefunden. Gottes Geist verband uns in der Freiheit der Kinder Gottes, die hier auf der Erde beginnt und in der Ewigkeit ihre Vollendung finden wird.

Das ist keine Freiheit, die sich das Recht nimmt, selbst zu entscheiden, selbst zu bestimmen, alle Fesseln abzustreifen in falschem Sinn. Recht frei zu werden, recht frei zu sein, recht frei zu bleiben ist eins der schönsten Geschenke des dreieinigen Gottes an uns. Es ist eine Freiheit, in der wir aus eigenem Willen Jesu Nachfolger, seine Diener werden, die von ganzem Herzen den Willen des Vaters tun wollen, wie Jesus es uns vorlebte, um ihm und anderen zu dienen.

Ich habe versucht, diese Gedanken in einem Gedicht in englischer Sprache zum Ausdruck zu bringen.

Set free to serve

What do you mean by being set free?
Being a bird that has left its cage
Being a prisoner free of chains
Bcing a ship that sets its sails
Being a master who serves in freedom.
That’s what I mean by being set free

What do you mean by living in a cage?
Locked doors for my searching mind,
Narrow space to enfold my vision
Others feeding me and me singing for them
Wings too weak to take off and fly.
That's what I mean by living in a cage.

What do you mean by living in chains?
Being bound by sin and selfishness
Being bound by opinions of others
Judgments pronounced that fasten the fetters
Binding my feet, my hands, my heart.
That's what I mean by living in chains.

What do you mean by setting sails?
Leaving the harbour for open sea
Choosing adventure instead of shelter
Sailing with a vision for destiny
Daring the wind, the waves, the uncertain.
That's what I mean by setting sails.

And what do you mean by serving in freedom?
That freedom is more than flying, running
and sailing away.
The master returns to attend to others,
Washing their feet, lifting their heads
To find their freedom from cage and fetters and – sail!
That's what I mean by serving in freedom.

Anni Dyck, February 2008

5 Mit solchen Dingen muss man heilig umgehen

KORNTAL, 1948

Genau ein Jahr war vergangen, seit unsere Familie am 18. Januar 1946 aus der russischen in die englische Zone übergesiedelt war. Und schon hieß es für mich wieder weiterzuziehen, diesmal in den Süden, in die französische Besatzungszone.

Mein Vater hatte in Stuttgart-Mühlhausen einen Ort gefunden, von wo aus die Arbeit des Missionsbunds „Licht im Osten", der an seinem Gründungsort Wernigerode nicht mehr weiter arbeiten durfte, wieder aufgebaut werden konnte. Vater war zunächst nach Korntal bei Stuttgart gezogen mit dem Plan, seine Familie nachkommen zu lassen. Aber um eine Zuzugsgenehmigung zu bekommen, musste er eine Wohnung nachweisen können. Daran scheiterte sein Plan zunächst.

Ich war die erste, für die Vater einen Platz in einer kleinen Pension in Korntal fand. Schwester Karoline auf dem Rossbühl war bereit, *das Töchterle* für den sehr günstigen Preis von 50 Mark im Monat aufzunehmen, denn in ihrer Pension war noch ein Zimmer frei. Von dort könnte ich dann das Töchterinstitut der Korntaler Brüdergemeinde besuchen. In einem völlig überfüllten Zug – Vater musste mich durch ein Fenster hineinbefördern, wobei ein Knopf von meinem Mantel abriss – traten wir die Reise von Hildesheim nach Stuttgart an.

In Wernigerode, das russisch besetzt war, hatte ich noch die vierte Oberschulklasse begonnen. In Hildesheim, das in der englischen Besatzungszone lag, besuchte ich weiter die vierte Klasse. In Korntal, in der französischen Besatzungszone, wurde ich wieder in die vierte Klasse eingestuft, weil dort Französisch und nicht Englisch als erste Fremdsprache gelehrt wurde. So musste ich drei Jahre Französisch durch Privatunterricht nachholen.

Das Einleben in der Pension von Schwester Karoline war auch nicht so einfach, obwohl Vater abends oft noch schnell nach mir schaute. Ich war mit Abstand die Jüngste unter den Pensionärinnen und verstand kein Schwäbisch, sodass ich mich zunächst wie im Ausland fühlte. Wo musste ich hingehen, wenn ich etwas im *Souterrain* holen sollte? Und was war ein *Lavabo*? Wie konnte man sich mit einem *Teppich* zudecken? Aber mein himmlischer Vater hatte eine besondere Überraschung für mich bereit. Ich hatte mir vorgenommen, wenn ich einmal eine Nachttischlampe besäße, würde ich morgens vor dem Aufstehen und abends nach dem Zubettgehen regelmäßig in der Bibel lesen. Als Schwester Karoline mich in mein Zimmer führte – mit fünfzehn Jahren zum erstenmal ein eigenes Zimmer! –, stand eine kleine Nachttischlampe neben meinem Bett. Nun konnte ich mein Vornehmen wahr machen und tat es auch. So allein in der Fremde wurde die Bibel mir lieber und lieber.

Korntal war als fromme Stadt bekannt, als *das heilige Korntal.* Ich empfand auch das Töchterinstitut als einen behüteten Ort. Meine Mitschülerinnen machten keinen Hehl daraus, dass sie Christen waren. Auch bei Schwester Karoline gab es kräftige geistliche Kost. Wir beteten nach dem Frühstück kniend zusammen und nach jedem Mittagessen wurde eine Andacht gelesen aus dem Buch *Die Gnade ist erschienen* von Otto Stockmayer.

Eines Tages hörte ich eine Pensionärin über eine andere zu Schwester Karoline sprechen. Sie berichtete über etwas, was sie in deren Zimmer entdeckt hatte. Schwester Karoline gab nur eine kurze Antwort: „Mit solchen Dingen muss man heilig umgehen." Damit war das Gespräch beendet, ein Gespräch zwischen Erwachsenen, die *das Töchterle* gar nicht beachtet hatten. Aber der Satz blieb hängen. Ich begann darüber nachzudenken. Was bedeutete es wohl, mit Dingen heilig umzugehen, und welche Dinge waren das? Gerade weil dieser Satz nicht einfach zu verstehen war, blieb er mir im Gedächtnis wie eine Aufgabe, die ich erst noch lösen musste.

Mit den Jahren verstand ich den Mahnsatz von Schwester Karoline besser. Er hatte etwas mit Gott zu tun, der heilig war, und mit uns, die wir nicht immer heilig sind in unserem Umgang mit unseren Mitmenschen. Gott sagt uns: „Ihr sollt heilig sein, denn ich bin heilig." Mit etwas heilig umzugehen hatte mit schweigen, mit zudecken zu tun. So hatte ich es verstanden. Vielleicht war beides am besten zusammengefasst in 1. Petrus 4,8: *Vor allen Dingen habt untereinander eine beständige Liebe, denn die Liebe deckt auch der Sünden Menge.* Ob Petrus sich wohl von der Aussage aus dem Alten Testament inspirieren ließ: *Liebe deckt alle Übertretungen zu* (Sprüche 10,12)? Aber was hieß das praktisch? Musste Sünde nicht aufgedeckt werden? Wann musste etwas aufgedeckt, ans Licht gebracht, und wann zugedeckt werden?

In dem Gespräch mit Schwester Karoline war es darum gegangen, etwas, das geschehen war, nicht bekannt zu machen, nicht einmal darüber zu sprechen, sondern es zu übergehen oder still in Ordnung zu bringen, ohne den anderen zu beschämen. Das hatte wohl in erster Linie mit dem Schutz einer Persönlichkeit zu tun, ohne dass Sünde dabei im Spiel zu sein brauchte.

Das erinnert mich an eine Begebenheit aus unserer Kinderzeit, als mein jüngerer Bruder gerade ein Erstklässler geworden war. Er war mit einigen anderen Kindern zum Blumenstreuen bei einer Hochzeit eingeladen worden, niemand von unserer Familie war mit dabei. Bei Tisch stieß er ein Glas Saft um und machte einen großen roten Fleck auf der blütenweißen Hochzeitstischdecke. Er wäre sicher am liebsten unter dem Tisch verschwunden! Aber schon begann einer der Hochzeitsgäste den Flecken mit kleinen Geldmünzen zuzudecken, und sofort machten es ihm andere nach. Es wurden soviel Münzen zusammengetragen, bis der Fleck nicht mehr zu sehen war. Damit war das Ungeschick eines kleinen Jungen liebevoll zugedeckt, ohne viele Worte zu machen. Mein Bruder kam strahlend heim mit einem ganzen Beutel voller Geldmünzen, die er alle behalten durfte! Auch die Persönlichkeit eines Kindes bedarf des Schutzes.

Aber nicht nur Kinder bedürfen dieses Schutzes. Auch der heranwachsende Jugendliche, der beginnt, seine Persönlichkeit bewusst zu entfalten, ist sehr verletzlich. Heute las ich auf dem Kalender in der Eingangshalle unseres Hauses: „Liebe mich dann, wenn ich es am wenigsten verdient habe, denn dann brauche ich es am meisten“ (Anonym). Das hatte ich einmal konkret erfahren während meiner angehenden Teenzeit, und es hat mich tief geprägt. Ich war wie wohl alle Kinder in diesem Alter unmöglich, nicht frech nach außen, aber launisch, leicht beleidigt und manchmal regelrecht unglücklich. Ich kam mit mir selbst nicht mehr zurecht. Eines Tages, ich habe ganz vergessen aus welchem Anlass, legte meine Mutter in der Küche ihren Arm um meine Schultern und sagte: „Weißt du, wenn mir einmal so zumute ist, dann bin ich ganz still, bis es wieder vorüber ist.“ Ich empfand in diesem liebevollen Moment, dass meine Mutter mich annahm, so wie ich war, obwohl ich mich selbst nicht leiden mochte. Und dass Mutter mir gestand, dass es ihr auch manchmal elend zumute war und was sie dann mache. So öffnete sie mir ihr Herz, als ob ich schon erwachsen sei, und gab mir einen guten Rat, was man in solchen flauen Zeiten tun könne. Mutter war gewöhnlich streng und gerecht und zeigte uns ihre Liebe und Fürsorge mehr mit der Tat und nicht in solcher Vertraulichkeit. Ich glaube bis heute, dass Gott sie bewegt hatte, so mit mir umzugehen in einem Moment, in dem ich etwas ganz anderes erwartet hätte. Sie war heilig und liebevoll mit meiner Not umgegangen. Daran konnte ich mich aufrichten und wieder weitergehen, gewissermaßen mit einer heimlichen Bundesgenossin. Mutter verstand mich, Mutter ging es manchmal auch so. Ich war aufgefangen.

Zudecken ist das Gegenteil von Bloßstellen. Wenn es um Sünde geht und nicht nur um Ungeschick oder Charakterschwäche, heißt zudecken nicht, sich zum Komplizen machen. Das wäre keine Liebe. Manchmal muss Liebe Sünde aufdecken. Aber es geschieht in der Bereitschaft zu vergeben. Über Unrecht, das ein anderer uns getan hat, sollen wir nach dem Rat der Bibel mit diesem unter vier Augen sprechen. *Sündigt aber dein Bruder an dir, so gehe hin und weise ihn zurecht zwischen dir und ihm allein. Hört er auf dich, so hast du einen Bruder gewonnen* (Matthäus 18,15). Das ist wohl gemeint mit dem, was in Sprüche 17,19 steht: *Wer Verfehlung zudeckt, stiftet Freundschaft. Wer aber eine Sache aufrührt, der macht Freunde uneins.* Jakobus endet seinen Brief im Neuen Testament so: *Liebe Brüder, wenn jemand unter euch abirren würde von der Wahrheit und jemand bekehrte ihn von seinem Irrtum, der wird seine Seele vom Tode erretten und wird bedecken die Menge der Sünden* (Jakobus 5,19f.). Hier heißt „bedecken die Menge der Sünden", dass ihm vergeben wird. Nicht wir decken Sünde mit unserer Liebe zu, sondern wir leiten den anderen zur Vergebung, indem wir ihm selbst vergeben, wenn er an uns schuldig geworden ist, sodass auch Gott ihm vergeben kann. Das ist ein heiliger Umgang mit Sünde vor dem heiligen Gott. Es steht in krassem Gegensatz zu dem Anprangern oder dem Reden mit einer gewissen Lust über die Fehler eines anderen und ihn dadurch bloßzustellen.

Und dann gibt es noch etwas, womit wir heilig umgehen müssen. Das ist jede Art eines Bekenntnisses, das ein anderer uns anvertraut, einerlei, ob es sich um eine Schwäche oder um Sünde handelt. Wir kommen manchmal in Versuchung, das uns Anvertraute in gewissen Situationen preiszugeben, wenn gerade über diesen Menschen gesprochen wird. Darin müssen wir absolut zuverlässig sein. Andere müssen sich darauf verlassen können, dass das, was sie uns anvertrauen, bei uns bleibt. Durch solch heiliges Schweigen werden wir Freunde gewinnen, die uns vertrauen.

So ist der Satz von Schwester Karoline: „Mit solchen Dingen muss man heilig umgehen“ mein Lebensberater geworden, und es war jedes Mal gut, ihn zu befolgen. Dadurch bin ich selbst dem näher gekommen, der sagt: Ihr sollt heilig sein, denn ich bin heilig.

6 Mein Kind, dies sind irdische Dinge

NIENDORF, OSTSEE, 1950

Niendorf! Ich war noch einmal in dem Ostseebad, in das ich zweimal als Kind zur Kur geschickt worden war und nach langer Krankheitszeit wieder essen gelernt hatte. Aus Niendorf hatte mein Vater und einer seiner Missionsfreunde mich mit dem Auto abgeholt, als der Krieg 1939 ausgebrochen war. Damals war ich acht Jahre alt. Auch während der Kriegsjahre hatten wir als Familie einen Ferienmonat an der Ostsee verbracht. Jetzt war ich neunzehn Jahre alt und immer noch recht blass und schmal. Die Kriegs- und Nachkriegsspuren waren an manchen von uns auch nach fünf Jahren noch zu sehen.

Diesmal ging es aber nicht um meine eigene Erholung, obwohl die Hoffnung da war, dass die kräftige Seeluft noch einmal ihre Wirkung tun würde. Ich war in Niendorf als Praktikantin in einem christlichen Kinderheim. Die Oberschule hatte ich mit der mittleren Reife beendet. Bedingt durch zwei Jahre Verzögerung durch Krankheit und Flucht war ich bereits achtzehn Jahre alt und hatte das schulische Lernen satt. Ich wollte noch etwas Praktisches tun, ehe ich an eine Berufsausbildung denken musste. Der Gedanke, es einmal mit Kindern zu versuchen in dem kräftigen Ostseeklima, war von Pastor Hans Brandenburg gekommen, der ein gutes Verhältnis zum Diakonissenmutterhaus Salem hatte. Er empfahl mir das Kinderheim Nazareth in Niendorf, das von Salemschwestern geleitet wurde. Dort suchten sie noch nach Helferinnen für den Sommer.

Tagsüber waren wir vollauf mit den Kindern beschäftigt, aber am Abend, wenn die Nachtwache übernommen hatte, waren wir Helferinnen frei. Wenn wir den ganzen Tag mit Kindern zusammen gewesen waren, dann freuten wir uns am Abend auf ein Zusammensein mit Gleichaltrigen, einerlei, was wir unternahmen. Auch die Haustöchter gesellten sich zu uns, wenn sie den Abendabwasch und das Aufräumen der Küche hinter sich hatten. Manchmal gingen wir an den Strand zu einem kurzen Abendschwimmen. Ein anderes Mal gab es auch ein gemeinsames Abendprogramm, und dann war da noch die wöchentliche Bibelstunde. Einige von uns hatten sich als Helfer im Kindergottesdienst gemeldet, ich auch. Das hieß dann, dass wir an einem Abend der Woche bei dem Pfarrer der evangelischen Kirche die biblische Geschichte für den Sonntag vorbereiteten. So waren unsere Abende abwechslungsreich.

Von allen jungen Mädchen fühlte ich mich am meisten zu Lydia hingezogen, die als Haustochter im Kinderheim arbeitete. Sie stammte aus Ostpreußen und war mit ihrer Familie auf die Flucht gegangen, als die russische Front immer näher kam. Lydia war etwas älter, kräftiger und mutiger als ich und arbeitete schon länger im Heim. Was uns zueinander hinzog war, dass wir beide unseren Weg bewusst mit Jesus gehen wollten. Bei Lydia war das nicht immer so gewesen. Das erfuhr ich während eines

Abendspaziergangs. Es war ein warmer Sommerabend und es blieb lange hell. Wir gingen die Strandpromenade entlang. Die Ostsee, die im Frühling von einem kalten Wind aufgewühlt oft stürmisch ihre Wellen gegen den Strand geschleudert hatte, lag friedlich vor uns. Nach einer Weile fragte ich Lydia, wie es dazu gekommen war, dass sie Jesus nachfolgen wollte. Da erzählte sie mir ihre Geschichte.

Wie wir alle in diesem Alter hatte sie ihre Kinderjahre in Hitlers Drittem Reich erlebt und war auch in die Hitlerjugend eingereiht worden. Sportlich wie sie war, hatte sie alle Programme begeistert mitgemacht, Heimabende, Fahrten und Lager, Sportwettkämpfe … Vielleicht war sie sogar Jungmädelführerin gewesen. Das Zeug dazu hätte sie gehabt mit ihrer offenen, kameradschaftlichen Art und ihrer Begabung, sich Jüngerer anzunehmen und ihnen zugleich ein Vorbild zu sein.

Lydia merkte bald, dass ihre Eltern als bewusste Christen der Ideologie des Dritten Reiches kritisch gegenüberstanden. Aber sie kümmerte sich nicht viel darum. Die Veranstaltungen am Sonntag hielten sie mehr und mehr vom Gottesdienst fern. Sie war stolz darauf, deutsches Jungmädel zu sein und glaubte fest an den Sieg des Führers und seiner Wehrmacht. Und dann brach alles zusammen. Sie ging mit ihren Eltern auf die Flucht, alles Hab und Gut zurücklassend. Wie betäubt hatte Lydia zuerst das alles über sich ergehen lassen. Aber dann waren Trotz und Widerstand in ihr aufgestanden, der Hass gegen die „Feinde“, die sie in dies Elend gestürzt hatten. Sie vermisste ihre alten Freunde und merkte, wie auch alles, was man sie gelehrt hatte, woran sie geglaubt hatte, der Wirklichkeit nicht mehr standhielt. Die Flucht und der Verlust der Heimat und alles Eigentums wurde für sie wie für viele das einschneidendste Erlebnis ihres jungen Lebens.

Aber auf einmal begann sie, ihre Eltern zu beobachten. Wie konnten sie so ruhig und gelassen bleiben in all dem Umbruch und der Ungewissheit? Sie hörte keine bitteren Worte über ihre Umstände, über den Verlust, keine Anklagen. Sie taten einfach das, was zu tun war. Machte es ihnen denn gar nichts aus, als abgebrannte, vertriebene Menschen in dem Flüchtlingslager zu sitzen, ohne Perspektive, ohne Hoffnung? Nun war sie auch auf ihre Eltern ärgerlich.

Dem Vater war der Tumult im Herzen seiner Tochter nicht entgangen. Aber er wusste, dass es so kommen musste, bevor etwas Neues bei ihr beginnen konnte. Er wartete seine Zeit ab, und sie kam. Lydia war bereit, auf ihn zu hören. Ja, sie fragte geradezu herausfordernd: „Vater, macht es euch denn gar nichts aus, dass wir weg mussten von zu Hause, dass wir alles zurücklassen mussten, der ganze verlorene Krieg?“

„Mein Vater legte seinen Arm um mich“, erinnerte sich Lydia, „und ich schob ihn nicht weg. Ich war so fertig, so abgekämpft, so müde, so am Ende! Und dann sagte er schlicht: ‚Mein Kind, dies sind irdische Dinge, die wir verloren haben.‘“ Sicher hatte er noch mehr gesagt, aber dies war Lydias Satz geworden, der sie ins Herz traf, und den sie nicht mehr vergessen konnte. Sie ahnte, dass ihre Eltern einen Schatz hatten, der ihnen niemand nehmen konnte. Sie begann selbst nach dem Schatz, dem Reichtum zu suchen, der ihren Eltern blieb, als ihnen alles genommen worden war. Dieser Schatz war Jesus. Sie entdeckte mit den Jahren, dass sie in ihm alles hatte, was sie brauchte.

Wir gingen langsam zum Kinderheim zurück, in Gedanken versunken. Überall in Deutschland wurde nach der Währungsreform 1948 aufgebaut, alle versuchten, mit großem Einsatz wieder zu etwas zu kommen. Jetzt lohnte es sich! Und je weiter sie kamen, desto mehr vertrauten viele auf ihre eigene Kraft und ihr Geschick. Das Wohlstandsdenken begann sich auszubreiten. Aber der Satz ihres Vaters, „Mein Kind, dies sind irdische Dinge“, hatte Lydia andere Weichen für ihr Leben stellen lassen. Nun hatte sie mir diesen Satz ihres Vaters weitergegeben, nicht umsonst. Dass er von Lydia kam, die gerade so wie ich ihr Erwachsenenleben erst begann, und dass Lydia nach diesem Satz leben konnte, machte ihn glaubwürdig. Der Satz, „dies sind irdische Dinge“ half mir, meine eigene Lebensphilosophie im Blick auf „haben und nicht haben“, viel verdienen oder aus Glauben zu leben, zu formen und festzumachen.

Ich dachte an meine ältere Schwester, die einen ähnlichen Weg wie Lydia gegangen war. Auch sie war nach der Flucht auf die Suche gegangen – mit Vater und Mutter als ihrem Leitbild – Jesus als den Schatz ihres Lebens zu entdecken und immer besser kennenzulernen. Vor einem Jahr waren wir beide getauft worden. Am Morgen unseres Tauftags hatte Vater mir eine Kette mit einem kleinen silbernen Kreuz geschenkt. An der silbernen Kette meiner Schwester hing ein geschliffener brauner Edelstein. Vater gab ihr das Wort mit von dem Kaufmann, der eine kostbare Perle suchte, und als er sie fand, alles verkaufte, um sie zu erwerben.

Haben, als hätten wir nicht. Dinge brauchen, als brauchten wir sie nicht. Darüber dachte ich damals nach. Und ich fand, dass sie mir Freiheit gaben, mehr an das zu denken, was bleibt, was uns nicht genommen werden kann.

Ich habe Lydia nie mehr gesehen. Wir waren beide jung und unsere Wege trennten sich wieder. Aber das Gefühl der Freiheit, das ich aus ihrem Erzählen gewann, ist geblieben. Einige Jahre später arbeitete ich an Material für Kinderbibelfreizeiten. Ein zehntägiger Kurs für die 13- bis 14-Jährigen über die Lehren Jesu führte mich zur Bergpredigt. Da stand es wieder ganz klar, aus Jesu Mund, was Lydias Vater gemeint hatte, als er alles, was sie besaßen, als „irdische Dinge" bezeichnete. Er hatte seiner Tochter damit weitergeholfen, sie hatte es mir als ihr Lebenszeugnis gesagt. Nun war ich dabei, es beginnenden Teenagern weiterzugeben als tragenden Grund für ihr Leben:

Ihr sollt euch nicht Schätze sammeln auf Erden, wo sie die Motten und der Rost fressen und wo die Diebe einbrechen und stehlen. Sammelt euch aber Schätze im Himmel, wo sie weder Motten noch Rost fressen und wo die Diebe nicht einbrechen und stehlen. Denn wo dein Schatz ist, da ist auch dein Herz ... Sorgt nicht um euer Leben, was ihr essen und trinken werdet. Ist nicht das Leben mehr als die Nahrung, und der Leib mehr als die Kleidung? Sehet die Vögel unter dem Himmel an: Sie säen nicht, sie ernten nicht, sie sammeln nicht in die Scheunen; und euer himmlischer Vater ernährt sie doch. Seid ihr denn nicht viel mehr als sie? Und warum sorgt ihr euch um die Kleidung? Schaut die Lilien auf dem Feld an, wie sie wachsen: Sie arbeiten nicht, auch spinnen sie nicht. Ich sage euch, dass auch Salomo in aller seiner Herrlichkeit nicht gekleidet gewesen ist wie eine von ihnen. Wenn nun Gott das Gras auf dem Feld so kleidet, das doch heute steht und morgen in den Ofen geworfen wird: Sollte er das nicht vielmehr für euch tun, ihr Kleingläubigen? Darum sollt ihr nicht sorgen und sagen: Was werden wir essen? Was werden wir trinken? Womit werden wir uns kleiden? Nach dem allen trachten die Heiden. Denn euer himmlischer Vater weiß, das ihr all dessen bedürft. Trachtet am ersten nach dem Reich Gottes und nach seiner Gerechtigkeit, so wird euch das alles zufallen. Darum sorgt nicht für morgen, denn der morgige Tag wird für das Seine sorgen. Es ist genug, dass jeder Tag seine eigene Plage habe (Matthäus 6,19–21.25–34).

Der Test kam dann, als ich mich einer Glaubensmission, dem „Weltweiter Einsatz für Christus" (WEC) anschloss. Ich besinne mich auf das erste Monatsende, an dem ich kein Gehalt in der Tasche hatte, 39-jährig nach fünfzehnjähriger Berufstätigkeit, in der ich meinen Unterhalt verdient hatte. Ich beobachtete die anderen, die mit mir auf der Straße gingen und stellte mir vor, wie sie heute Abend alle ihr Gehalt nach Hause trugen. Es kam wie eine kurze Panik über mich, aber sie dauerte nicht lange.

Die erste Gabe, die ich im Missionshaus erhielt, waren 10 DM von einem früheren Freizeitkind. Der Junge schrieb, er schicke mir dieses Geld für meine Fahrtkosten nach Indonesien. Diese Gabe war mir sehr kostbar, und der Rest ist dann auch noch gekommen! Gott hat mir geholfen, die Balance zwischen irdischen, vergänglichen Dingen und himmlischen, unvergänglichen Dingen zu finden. Je länger, je mehr erfuhr ich, dass Gott denen, die sein Reich an erste Stelle setzen, wirklich alles zufallen lässt, was sie für ihr Leben und für ihren Dienst brauchen. Ich habe nie Mangel gehabt, bis heute!

7 Kommt, lasst uns unsern Kindern leben

STUTTGART, 1951

Dieser prägende Satz des Erziehers Friedrich Fröbel begegnete mir immer wieder während meiner zweijährigen Ausbildung im Stuttgarter Fröbelseminar. Für die Leiterin dieses Seminars, Frau Mechthild Gfrörer, war der Satz nicht nur ein wohlklingendes Zitat eines großen Erziehers, mit dessen pädagogischen Anschauungen sie voll übereinstimmte. Es war für sie ein Aufruf, sich den Kindern ihrer Generation zuzuwenden, indem sie Erzieherinnen für Vorschulkinder in ihrem Seminar ausbildete. Kindergärten sollten Stätten werden, in denen nach Fröbels Konzept Kopf, Herz und Hand angesprochen und ausgebildet wurden, den ganzen kleinen Menschen erreichend. Frau Gfrörer starb 1970 – 82-jährig – in Stuttgart. Aber als Verfechterin dieses Satzes spricht sie heute noch zu uns, nämlich unseren Kindern zu leben, die rings um uns herum aufwachsen. Von 1951 bis 1953 war ich ihre Schülerin. Wie war es dazu gekommen?

1949 stand ich als Achtzehnjährige vor der Entscheidung einer Berufswahl. Ich hätte sehr gerne mit Büchern gearbeitet; das bedeutete, eine Ausbildung als Buchhändlerin zu beginnen. Aber da war auch der Zug zu einem pädagogischen Beruf. Welche Neigung war stärker? Um Zeit zu gewinnen und praktische Erfahrung zu sammeln, meldete ich mich für den Winter in einer Nähschule an. Im Sommer darauf arbeitete ich als Freiwillige in dem Kinderheim, das im vorhergehenden Kapitel erwähnt ist.

Dort machte ich, recht zögernd und noch unerfahren, meine ersten Gehversuche in Kinderbetreuung. Ich war einer Gruppe zugeteilt worden, in der Ferienkinder von Frankfurt und Essen sich in dreimonatigem Rhythmus ablösten. Dazu kamen einige vorschulpflichtige Kinder aus sozial schwachen Familien aus Berlin, die auf unbegrenzte Zeit in das Kinderheim eingewiesen worden waren. Ich lernte Kinder beobachten und Kontakte zu ihnen zu knüpfen. Nicht immer gelang es. Was war zum Beispiel mit Birgit los? Die Fünfjährige konnte blondlockig und lächelnd in ihrem Bett sitzen und mit den Zähnen ihre Wolldecke zerbeißen oder Löcher in ihren Bettbezug schneiden. Was lag hinter diesem seltsamen Betragen? Ich bekam keinerlei Kontakt zu ihr.

Mit drei kleinen, liebehungrigen Berliner Jungen gelang es jedoch. Ihrer nahm ich mich in dem Sommerhalbjahr besonders an. Es waren Detlef, Bertold und Müggelsee. Müggelsee, ein dreijähriger Blondschopf mit wasserblauen Augen, war der Jüngste von ihnen. Als er die Ostsee zum erstenmal sah, rief er aus: „Was für ein großer Müggelsee!“ So bekam er seinen Spitznamen. Er war geistig etwas zurückgeblieben und konnte ohne jede Ursache anfangen, herzzerbrechend zu weinen. Bertold, ein Jahr älter, hatte dünnes braunes Haar und Sommersprossen, ein magerer kleiner Junge, scheu und in sich gekehrt. Auch er weinte leicht und sah die Welt meistens von der dunklen Seite.

Detlef, fünfjährig, war größer und kräftiger. Er schielte etwas und war in seiner schüchternen, stillen Art eines der warmherzigsten Kinder, die mir je begegnet sind. Manchmal legte er am Strand seinen Kopf in meinen Schoß und erzählte mir voller Sehnsucht, dass seine Mutter eines Tages kommen und ihn holen würde.

Die Gruppenleiterin fand die Ferienkinder interessanter. Sie waren älter und wechselten alle drei Monate, während die drei kleinen Berliner immer da waren und sozusagen nebenher liefen. Bei mir war es umgekehrt. Die anderen Kinder hatten alle ein Zuhause, in das sie in einigen Wochen zurückkehren würden, Detlef, Bertold und Müggelsee nicht. Ferienkinder bekamen Pakete, Detlef, Bertold und Müggelsee nicht. Deshalb packte ich meine Päckchen, die ich von daheim erhielt, mit ihnen zusammen am Strand aus, als ob es auch die ihren seien. Das war ein Glück! Und dann teilten wir den Inhalt.

Einmal, als Müggelsee Fieber hatte, saß ich an seinem Bett und wir sortierten Bilder, was uns beiden Freude machte. Er war nur ein flüchtiger Gast in dieser Welt; einige Jahre später starb er. An meinem letzten Tag in Niendorf ging er an den Papierkorb, zog eine weggeworfene Karte daraus hervor, strahlte mich mit seinen wasserblauen Augen an und sagte: „Die sollst du deiner Mutti geben."

Diese drei Jungen, mit denen ich mein Leben ein halbes Jahr lang in besonderer Weise teilte, hatten mich ermutigt, ohne dass sie es wussten, mich im Fröbelseminar in Stuttgart zu bewerben. Im Frühjahr 1951 begann ich meine zweijährige Ausbildung als Kindergärtnerin.

Wir schätzten und verehrten unsere Leiterin in ihren Stilkleidern und ihren um den Kopf gelegten Haarflechten, die sich Verdienste über die Grenzen Württembergs hinaus erworben hatte. Als ausgezeichnete Pädagogin steuerte sie eine klare Linie. Unter ihrer Leitung, unterstützt durch das Lehrerinnenkollegium, genoss ich die zweijährige Ausbildung vom ersten bis zum letzten Tag. Die Unterrichtsfächer waren wie eine bunte Palette, in der sich theoretische und praktische Fächer sinnvoll mischten. Kopf, Herz und Hand, hatte Fröbel gesagt. In Entwicklungspsychologie fanden wir Antwort auf Fragen, die uns, die wir schon mit Kindern gearbeitet hatten, auf dem Herzen brannten. Birgit war für mich solch eine Frage. Wir hatten denen, die gerade vom Abitur kamen, manches voraus durch unsere praktische Erfahrung. Auch ein lebendiger Religionsunterricht stand damals noch mit auf dem Plan. Musik, Rhythmik und Werken wurde viel Raum gegeben, auch der kreativen Vorbereitung und Gestaltung von Festen mit Kindern und deren Eltern. Dazu kamen die praxisbezogenen Tage in einem städtischen Kindergarten.

Ich war dem Herdweg-Kindergarten zugeteilt, der in einem gehobeneren Viertel lag. Dort bekam ich nach den ersten Wochen eine Aufgabe, die mich sehr förderte und die den Grundstein zu meiner lebenslangen Nähe zu kleinen Kindern legte. Über ein halbes Jahr lang hatten wir Praktikanten zwei Kinder zu beobachten und die Beobachtungen sorgfältig aufzuzeichnen. Wir durften uns die Kinder auswählen. Ich wählte einen deutschen Fünfjährigen und den scheuen, feingliedrigen dunkelhäutigen Sohn eines persischen Gesandten. (Wieviele dunkelhäutige Kinder habe ich später um mich gehabt und dabei manchmal an Ferry gedacht.) Alle Kinder im Auge behaltend, aber zwei im

Detail zu erfassen gab mir ein ganz neues Verständnis von dem, was in einem Kindergartenkind vorgeht: wie es spielt, sich ausdrückt, wie es Freundschaften knüpft zu Kindern und zu Erwachsenen. Ich musste die häusliche Situation meiner beiden Kinder erfragen und beobachten, welche Auswirkungen diese auf das Verhalten im Kindergarten hatte. Ich lernte auch, wie kostbar und verletzlich das Vertrauen eines kleinen Kindes ist. Es braucht einen geschützten Raum, um sich ohne Furcht entfalten zu können, Kopf, Herz und Hand, ganz im Gegensatz zu älteren Kindern, die – gefestigt und vertraut mit ihrer Umwelt – geschützte Räume verlassen und ausziehen, um Abenteuer zu suchen.

Das Leben mit Kindern praktizierte ich dann noch einmal ganz real in der einzigen Stelle, die ich als staatlich geprüfte Kindergärtnerin ausgefüllt habe, bevor ich in eine Verlagsarbeit überwechselte. Ich arbeitete etwas über ein Jahr in einem Kinderheim in Bad Dürkheim an der Weinstraße, das amerikanische Mennoniten eingerichtet hatten. Ähnlich wie in Niendorf wurden erholungsbedürftige Stadtkinder für drei Monate aufgenommen. Statt aus Essen und Frankfurt kamen sie nun aus sieben pfälzischen Städten, aus Pirmasens und Kaiserslautern, Zweibrücken, Ludwigshafen, Landau, Worms und Speyer.

Zum ersten Mal war ich vom Morgen bis zum Abend voll verantwortlich für eine Gruppe von zwölf kleinen Jungen im Alter von vier bis sechs Jahren. Mein Schlafzimmer lag neben dem Kindersaal. Ich kam mir manchmal vor wie Schneewittchen unter den Zwergen, wenn ich am Abend vor dem Einschlafen noch einmal im Morgenrock ins Nebenzimmer schlüpfte, wo meine kleinen Jungen in zwölf ordentlich aneinandergereihten weißgestrichenen Betten unter bunten amerikanischen Flickendecken schliefen. Es waren Kinder, die von körperlicher Entbehrung, von geistiger und geistlicher Armut gezeichnet waren, zwölf Detlefs, Bertolds und Müggelsees, die pfälzisch sprachen und deren Gesichter alle drei Monate wechselten.

Fünf Gruppen von kleinen Jungen gingen durch meine Hände. An mir lag es größtenteils, ihnen eine schöne Ferienzeit zu gestalten. Ich lernte mich dem langsamen Rhythmus Vier- bis Sechsjähriger anzupassen und sie trotzdem vorwärtszubringen; denn morgens mussten sie zu einer bestimmten Zeit angezogen, gewaschen und gekämmt um den Frühstückstisch sitzen. In einer dieser Gruppen war Gerhard der Jüngste und körperlich der Kleinste. Er folgte jeden Morgen einem bestimmten Ritual. Er ließ sich nicht bewegen, seine Stiefel anzuziehen, bevor er sie an den Stiefeln aller anderen Jungen gemessen und festgestellt hatte, dass seine immer noch die kleinsten waren. Damit brachte er mich fast zur Verzweiflung. Erst als der Zweitkleinste, Karl-Heinz, wegen Krankheit nach Hause gebracht werden musste und Gerhard seine Stiefel erbte, hörte das morgendliche Messen auf. Nun waren seine Stiefel in seinen Augen nicht mehr die kleinsten!

Unsere schönsten Stunden verbrachten wir im nahegelegenen Laubwald, wo die Kinder frei spielen und dabei ihre Fantasie entwickeln konnten, so wie wir es als Kinder im Harz getan hatten. In der gesunden Luft erholten sie sich von der Enge ihres Lebens in einer zerbombten Großstadt. Die ärztliche Betreuung kam hinzu und gute, gesunde Kost im Heim, obwohl viele sich erst an die Milchbecher mit angerührter Trockenmilch gewöhnen mussten.

Abends beteten wir zusammen, nachdem ich den Kindern eine biblische Geschichte erzählt und wir gesungen hatten. Gewöhnlich fiel es ihnen nicht schwer, spontan beten zu lernen. Kaum jemand von ihnen konnte beten, wenn sie zu uns kamen. Ich ging dabei von Bett zu Bett. Ihre Gebete kamen spontan aus ihren Herzen. Gerhard wusste am Ende seiner zweiten Kur bei uns, dass ein kinderloses amerikanisches Ehepaar ihn adoptieren wollte und er bald nach Amerika gehen würde. Sein Gebet lautete jeden Abend: „Lieber Gott, behüte meine alte Mama und meine neue Mama in Amerika." Nur Jan konnte nicht beten. Die anderen guckten aus ihren Betten zu, wenn ich seine dicken Patschhändchen zusammenlegte und ihm vorsprach. Er sah mich aus seinen großen braunen Augen schweigend und aufmerksam an. Und dann, eines Abends, kamen die ersten zögernden Worte eines Gebets und der Jubel der anderen: „Das Jantje kann beten!" Beten war ihnen wichtig geworden.

Kürzlich saß ich im Wartezimmer meines Augenarztes, bei dem man immer lange warten muss. Nach Jahrzehnten in Asien konnte ich wieder einmal kleine deutsche Kinder beobachten. Ein dreijähriger Junge mit Sehschwierigkeiten spielte im Wartezimmer ganz vertieft mit Legosteinen. Als er zur Voruntersuchung gerufen wurde und dann im Vorzimmer mit seiner Mutter warten musste, brachte er sein Legogebäude und bald auch ein Bilderbuch nach dem anderen aus dem Wartezimmer nach dort, ungehemmt, ganz und gar auf seine Mutter bezogen. Sie ließ sich in sein Versteckspiel hinter seinem Stuhl hineinziehen, las ihm aus den Bilderbüchern vor, und er folgte ihr hingegeben mit begleitender Mimik. Er war in dieser fremden Umgebung wie in einem geschützten Raum – zusammen mit seiner Mutter. Erwartungsvoll ging er an ihrer Hand ins Behandlungszimmer und kam glücklich wieder heraus; der Arzt hatte ihm ein kleines Spielzeug geschenkt.

Das andere Kind, ein Mädchen, war wohl vier Jahre alt. Seine Mutter ließ es vorangehen ins Wartezimmer, was es ängstlich zögernd tat; die Mutter folgte mit einer großen Tasche, in dem ein Baby lag. Sie setzten sich und bald hörte man die strenge Stimme der Mutter: „Ich habe dir doch gesagt, lass das jetzt sein." Ich hatte gar nicht gesehen, was die Kleine getan hatte, warum die Mutter so irritiert reagierte. Das kleine Mädchen blieb scheu und gewissermaßen isoliert auf seinem Stuhl sitzen, denn die Mutter war ganz auf das Baby bezogen. Ihre Vierjährige, so klein und ängstlich sie noch war, war offensichtlich schon die Große.

Und heute sah ich ein drittes Kind, eine dunkelhaarige Fünfjährige. Sie war eine kleine Mutter, die ihre Babypuppe im Arm hatte. Immer wieder zog sie ihm sein Lätzchen über dem blauen Plüschanzug gerade. Eine junge Großmutter ging neben ihr. Das Mädchen in der rosa Jacke ließ ihre Großmutter ihr Baby halten, während sie sich geschickt ein breites weißes Band über den Kopf streifte und damit ihre Haare nach hinten schob. Dann nahm sie ihr Baby wieder in die Arme. Jeder Stuhl im Wartezimmer war besetzt. Das kleine Mädchen steuerte zielsicher auf die Spielecke zu, hing ihren Anorak an der Kindergarderobe links an der Wand auf. Die Großmutter im schwarzen Pelzmantel kniete sich neben sie, weil kein Platz zum Sitzen mehr frei war. Dann begann das Spiel und das Vorlesen aus Bilderbüchern. Man hörte frohes Kinderlachen, während die ältere Generation sich in ihre Zeitschriften vertiefte.

Auf einmal war die Puppe vergessen. Die junge Großmutter saß in der Spielecke auf dem Boden, ihre kleine Enkeltochter im Arm, die sich warm an sie schmiegte. Nun war sie ein kleines Kind und keine verantwortliche Puppenmutter mehr. Wir anderen waren für sie gar nicht mehr da.

Kommt, lasst uns unsern Kindern leben! Diesen mahnenden, ermunternden Ruf eines begabten Erziehers aus dem neunzehnten Jahrhundert sollten wir heute wieder hören. Unsere Welt hat sich sehr verändert. Aber das Bedürfnis eines kleinen Kindes ist gleich geblieben. Es gleicht einer Blume im Garten, das die warme Strahlenkraft der Sonne braucht, um nicht wie ein im Schatten schmachtendes Mauerblümchen zu werden mit blasser, ungesunder Farbe und langem, kraftlosen Stengel.

Lass ein kleines Kind dich leiten

Schau einem kleinen Kind zu,
noch ist nicht Zeit, es zu lehren.
Bleib neben ihm stehen,
und wenn es zu dir aufsieht, lächle ihm zu.
Lass ein kleines Kind dich leiten,
schau ihm einfach zu.

Schau einem kleinen Kind zu,
geh in die Hocke und frage beiläufig:
„Was spielst du denn?“
Es wird dir antworten, wenn es dein Interesse spürt.
Lass ein kleines Kind dich leiten,
höre gut zu, was es dir sagt.

Wende dich einem kleinen Kind zu,
indem du in seine Spielwelt eintrittst.
Sei bereit, die Rolle zu spielen, die es dir zuweist:
„Ich bin der Vater, du bist mein Kind.“
Lass ein kleines Kind dich leiten,
werde sein Kind.

Erfasse die Welt eines kleinen Kindes
durch ein Rollengespräch.
„Was hast du gemacht, Kind, als ich im Büro war?“
„Und was hast du in deinem Büro gemacht, Papa?“
Seine Antwort wird dir zeigen, was es werden will.
Lass ein kleines Kind dich leiten
und leite du es in seine Zukunft.

Anni Dyck, Februar 2009

8 Wer schaffen will, muss fröhlich sein

STUTTGART, 1952

Dies war ein weiterer Satz Fröbels, der uns während unserer Ausbildung im Kindergärtnerinnenseminar eingeprägt wurde. Wir hatten ein frisches, fröhliches Lehrerkollegium, und unsere Ausbildung war eine fröhliche Sache, bei aller Ernsthaftigkeit.

Allerdings erlebte ich in diesem liebenswerten Seminar auch meine erste und einzige Klassenrevolte, bei der eine ganze Klasse einmütig gegen eine Lehrkraft aufstand. Es kam so: „Tante“ Hedwig, unsere Pädagogik-Lehrerin, hatte aus Anlass des hundertsten Todestages von Friedrich Fröbel, der im Juni 1952 in Frankfurt begangen werden sollte, ein Stück zum Aufführen geschrieben. Nach einem feierlichen Gedenkakt in der Paulskirche war für den Nachmittag ein freieres Programm auf einem Anger geplant, zu dem Vertreterinnen aller Fröbelseminare aus ganz Westdeutschland Darbietungen bringen durften. Wir als Vertreter des Schwäbischen Frauenvereins sollten nach Tante Hedwigs Plan etwas „echt Schwäbisches“ vortragen, wo ein Schwarzwälder Uhrenmännle und manche andere Figur aus der Geschichte und der Kultur des Schwabenländles auftreten sollten. Sie hatte den Text selbst gedichtet, trug ihn uns vor und wollte an die Rollenverteilung gehen. Wir aber waren eine ziemlich intelligente Klasse und sagten ganz einfach nein, das sei uns zu kindisch. Damit beleidigten wir unsere Lehrerin, die wir im Grund alle gern mochten, zutiefst. Die Schulleiterin sprach ein Machtwort: „Entweder ihr macht mit oder wir sagen unsere Teilnahme an der Fröbel-Gedenkfeier in Frankfurt ab.“ Da gaben wir nach. Wir nahmen unsere Rollen an und das Stück wurde eingeübt.

Es wurde eine denkwürdige Feier in Frankfurt. Und dann, am Nachmittag auf dem Anger, war die Darbietung des Schwäbischen Frauenvereins eine der originellsten und erhielt einen Riesenapplaus, besonders als wir schmetterten:

Der Schiller und der Hegel,
der Uhland und der Hauff,
das ist bei uns die Regel,
das fällt uns gar nicht auf.

Fröbel hatte bei seinem Ausspruch „Wer schaffen will, muss fröhlich sein“ wohl in erster Linie an die Frauen gedacht, die in den von ihm ins Leben gerufenen Kindergärten tätig waren. Für Kinder ist Fröhlichkeit das, was für die Natur der Sonnenschein ist. Kinder spiegeln den Gemütszustand ihrer Mutter und ihrer Betreuer wieder, weil sie selbst noch unbeständig sind in ihren Gefühlen und Empfindungen. Wenn ein Kind im Kindergarten zu weinen beginnt, weinen andere leicht mit. Wenn ein Kind in der Gruppe laut lacht, reißt es die anderen mit. Eine ruhige Fröhlichkeit der Betreuerin oder des Betreuers hilft, eine stabile Atmosphäre zu schaffen, in der Kinder sich wohlfühlen und entfalten können. Fröhlichkeit nimmt Angst,

Fröhlichkeit macht Mut, Fröhlichkeit lockert auf und löst Spannungen. Kinder fühlen sich zu fröhlichen Menschen hingezogen wie Bienen zum Honig.

Ich erinnere mich an eine Kinderfreizeit in Westberlin, zu der neben Kindern aus der damaligen DDR – vor dem Mauerbau – auch Berliner Kinder kamen. Diese wurden von den Betreuern so früh gebracht, dass sie schon zum Frühstück mit uns um den Tisch saßen. Ein Achtjähriger sah die ältere Frau ihm gegenüber an, die während der Freizeit in der Küche half, und sagte ganz spontan zu ihr: „Na, Oma, bist ja heute so fröhlich!“ „Ja, mein Junge, das bin ich auch“, gab sie freundlich zurück.

Bei Kindergartenkindern kann Fröhlichkeit schon durch die Raumgestaltung geweckt werden. Ein heller Raum und farbenfrohe Bilder an den Wänden, in Augenhöhe der Kinder angebracht, helfen, eine frohe Atmosphäre zu schaffen. Kinderlieder, lustige Reime, Fingerspiele, Vorlesen aus Bilderbüchern, Reigen mit Musikbegleitung, Beschäftigung mit gutem Spielzeug, Spielen im Freien, und immer wieder einmal ein kleines Fest, dies alles fördert die Entwicklung und trägt zu einer ganzheitlichen Entfaltung bei. Wenn dazu noch eine fröhliche Kindergärtnerin kommt, die ihre Schützlinge versteht und ernst nimmt in ihrem „So-sein“, kann etwas gedeihen im Wurzelboden der Seele. Das lernten wir und übten es ein.

Als ich dann aus der direkten Arbeit als Kindergärtnerin ausstieg, nahm ich den Satz mit: „Wer schaffen will, muss fröhlich sein“. Er gilt ja für alles Schaffen! Das war schon so, als wir noch Kinder waren. Wenn wir stöhnend an die Schularbeiten gingen oder später an die Hausarbeit, wurde nicht viel daraus. Wenn es mit frohem Mut geschah, ging alles besser von der Hand. Es gibt Menschen, die haben eine frohe Natur, denen laufen die Dinge in die Hand und von der Hand. Andere leben schwerer. Aber sogar für fröhliche Naturen kommen Augenblicke und Lebensumstände, die ihnen das Herz schwer machen. Da merken wir dann, dass unsere Fröhlichkeit tiefer gegründet sein muss als allein auf Anlage, Stimmung oder Umstände. Diese tiefere Fröhlichkeit müssen wir aus einer unversiegbaren Quelle gewinnen, aus der wir immer wieder neu schöpfen können. Im Grund ist sie ein Geschenk.

In den Siebzigerjahren machte ich diesbezüglich eine interessante Erfahrung. Ich arbeitete damals an Bibellektionen für Kinder auf dem Bibelschulgelände in Batu, Ostjawa. Jeden Sommer, wenn das Studienjahr zu Ende ging, wurden die Studenten aller Klassen in die verschiedensten Richtungen zu evangelistischen Einsätzen ausgesendet. Aber ein Team musste in Batu bleiben, um in dem Kinder- und Jugenddepartment beim Schreiben des Kindermaterials zu helfen. Es gab kaum jemanden unter den Studenten, der gerne schrieb. Alle wären viel lieber ausgeflogen zu einem praktischen Einsatz.

In einem Jahr war das Team besonders groß: Da waren acht Schreiber, zwei Editoren und zwei Zeichner, die wir anleiten mussten. Ehe wir unsere Leute noch recht eingearbeitet hatten, erkrankte meine Kollegin Ruth Läufer und musste ins Krankenhaus eingeliefert werden. Nun war ich mit den zwölf Studenten allein. Abends fuhr ich manchmal noch ins Krankenhaus, um Ruth zu besuchen. Ich merkte schnell, wie gestresst ich reagierte, und dass ich die Arbeit nicht mehr schaffen konnte. Ich konnte mich anstrengen, wie ich wollte, die Stunden des Tages reichten nicht aus. Da entschloss ich mich, jeden Abend früh schlafen zu gehen, einerlei, ob das Pensum geschafft war oder nicht. *Den Seinen gibt es der Herr im Schlaf,* das hatte ich noch nie so ganz real ausprobiert. Und was geschah? Ich wachte morgens erfrischt auf, hatte Spannkraft und Freude, meinem Team zu begegnen und mit ihm die Aufgaben des neuen Tages zu besprechen und anzugreifen. Sie merkten beides: dass ich fröhlicher war und dass es wirklich zuviel Arbeit gab. Da spannten sie sich stärker vor den Wagen, anstatt sich schieben zu lassen. Sie halfen sich auch gegenseitig. Wir schafften unser Pensum und feierten einen frohen Teamabschluss mit einer Wanderung und einem positiven Rückblick auf die Wochen des Schreibens. Es war die beste Teamzeit, an die ich mich erinnern kann.

Während eines Besuches bei meinem Bruder fand ich in seinem Büro einen Ausspruch von Georg Müller, dem vielbeschäftigten Waisenhausvater von Bristol. Ich habe ihn mir abgeschrieben und er hängt nun neben meinem Bett, dass ich ihn morgens beim Aufstehen vor Augen habe:

Es hat dem Herrn gefallen, mich eine große Weisheit zu lehren. Ich sah klarer als je zuvor, dass das erste große Geschäft, dem ich jeden Tag zu obliegen habe, dasjenige ist, mich im Herrn zu freuen und meine Seele fröhlich zu erhalten in Gott. Nicht wie viel ich dem Herrn zu dienen habe, oder wie ich ihn verherrlichen möge, sondern wie ich meine Seele in einen glücklichen Zustand bringe und wie ich meinen inneren Menschen ernähre.

Georg Müller hatte etwas verstanden, das uns manchmal entgeht. Das Christentum scheint oft eine sehr ernste Sache zu sein, Pflichterfüllung für einen heiligen Gott. Ich kannte in meinen jüngeren Jahren einen Prediger, der so ernst und streng aussah, wenn er eine Botschaft brachte, dass es einem ganz bange werden konnte.

Als ich von dem Wort Fröbels ausgehend in meiner Bibelkonkordanz nach den Worten *Fröhlichkeit* und *Freude* suchte, erlebte ich eine Überraschung. Es waren viel mehr Eingaben zu finden als für die Begriffe *Traurigkeit* und *traurig*. Hier nur einiges von dem, was ich entdeckte:

Gottes Heil macht uns fröhlich

Meine Seele ist fröhlich in meinem Gott, denn er hat mir die Kleider des Heils angezogen und mich mit dem Mantel der Gerechtigkeit bekleidet.
(Jesaja 61,10)

Mein Herz ist fröhlich in dem Herrn.
Mein Haupt ist erhöht in dem Herrn.
Mein Mund hat sich weit aufgetan über meine Feinde, denn ich freue mich deines Heils. (1. Samuel 2,1)

Meine Lippen und meine Seele, die du erlöst hast, sollen fröhlich sein und dir lobsingen. (Psalm 71,23)

Lasset uns essen und fröhlich sein. Denn dieser mein Sohn war tot und ist wieder lebendig geworden, er war verloren und ist wieder gefunden worden. Und sie fingen an, fröhlich zu sein. (Lukas 15,24)

Gott will ein fröhliches Volk

Du machst fröhlich, was da lebt im Osten wie im Westen. (Psalm 65,9)

Fröhlich lass sein in dir, die deinen Namen lieben.
(Psalm 5,12)

Schlagt froh in die Hände, alle Völker,
und jauchzet Gott mit fröhlichem Schall.
Denn der Herr, der Allerhöchste, ist heilig,
ein großer König über die ganze Erde …
Gott fährt auf unter Jauchzen,
der Herr beim Hall der Posaune.
Lobsinget, lobsinget Gott,
lobsinget, lobsinget unserm Könige!
(Psalm 47,2.3.6–8)

Herr, du lässest mich fröhlich singen von deinen Werken,
und ich rühme die Taten deiner Hände. (Psalm 92,5)

Ein fröhliches Herz macht ein fröhliches Angesicht;
aber wenn das Herz bekümmert ist, entfällt auch der Mut …
Ein Betrübter hat nie einen guten Tag,
aber ein guter Mut ist ein tägliches Fest.
(Sprüche 15,13.15)

Ich merkte: Wenn ich diesen Grund der Freude unter den Füßen hatte, konnte ich fröhlich tun, was dran war; einerlei, ob es um den Umgang mit Kindern ging, ob ich mit Erwachsenen zusammenarbeitete oder allein in meinem Büro saß. Ich habe in einem langen Leben herausgefunden, dass Fröbel recht hat: Wenn man etwas schaffen will, gelingt es besser mit einem fröhlichen Herzen. Es gibt so vieles, was unser Herz schwer machen will, ganze Berge von Sorgen und Ängsten. Dazu gibt es einen – das sollten wir nicht vergessen – der Tag und Nacht darauf aus ist, uns unsere Freude zu vermiesen. Satan, unser Erzfeind, hat nichts, worüber er sich freuen kann und nichts, worauf er sich freuen kann. Deshalb versucht er, uns die Freude zu stehlen wo er nur kann. Und wenn es ihm gelingt, hat er eine hämische Freude, die wir ihm nicht gönnen sollten.

Sogar für schwerste Zeiten, die wir durchleben oder die noch auf uns zukommen könnten, wo nicht mehr viel gelingt, gibt es ein erstaunliches Bekenntnis in der Bibel. Es stammt von dem Propheten Habakuk, dem Gott eine schwere Gerichtszeit offenbarte, die über das Volk Israel kommen würde. Das dritte Kapitel ist in Form eines Klageliedes geschrieben. Habakuk beendet jedoch sein Lied und seine prophetische Schrift mit den Worten:

Der Feigenbaum wird nicht grünen
und es wird kein Gewächs sein an den Weinstöcken.
Der Ertrag des Ölbaums bleibt aus,
und die Äcker bringen keine Nahrung;
Schafe werden aus den Hürden gerissen,
und in den Ställen werden keine Rinder sein.
Aber ich will mich freuen in dem Herrn
und fröhlich sein in Gott, meinem Heil.
Denn der Herr ist meine Kraft;
er wird meine Füße machen wie die Hirschfüße
und wird mich auf meine Höhen führen.
(Habakuk 3,17–19)

Solche Worte helfen mir, am frühen Morgen zuversichtlich zu sagen:

Dies ist der Tag, den der Herr macht,
lasset uns freuen und fröhlich darinnen sein.
O Herr hilf, o Herr, lass wohl gelingen.
(Psalm 118, 23.24)

Wer schaffen will, muss fröhlich sein. Und wer Gott seinen Tag anvertraut, kann fröhlich sein. *Ich wandle fröhlich, denn ich suche deine Befehle* (Psalm 119,45).

9 … als dass sie für treu befunden werden

BASEL, 1956

Am 1. Oktober 1956 war ich von meinem Studium in den USA heimgekommen, gerade rechtzeitig, um meiner Familie beim Umzug von Stuttgart-Mühlhausen nach Korntal zu helfen. Der Missionsbund „Licht im Osten“ hatte nun dort seine neue Heimat gefunden und unsere Familie eine Wohnung.

Vierzehn Tage später packte ich meine Koffer, um meine neue Stelle in Basel anzutreten als Mitarbeiterin im Agape-Verlag. Dieser Verlag war aus der Arbeit des *Mennonite Central Committee* (kurz MCC), einer mennonitischen Hilfsorganisation aus den USA, hervorgegangen.

Basel war kurz nach dem Zweiten Weltkrieg als idealer Standort des MCC am Drei-Länder-Eck gewählt worden, damit französische, deutsche, holländische und schweizerische Mennoniten nach den jahrelangen Spannungen des Krieges sich auf neutralem Boden begegnen und sich zusammenfinden konnten, um gemeinsam das Wort Gottes zu studieren. Der Agape-Verlag war in einer großen, vornehmen Villa auf dem Bruderholz untergebracht. Eigentlich hatte das MCC dieses dreistöckige Haus erworben, um die neu ins Leben gerufene Europäische Mennonitische Bibelschule darin unterzubringen. Aber diese war so schnell gewachsen, dass sie sich nach einem neuen Areal hatte umsehen müssen. So standen nun dem Agape-Verlag alle Räume zur Verfügung und das Haus war eigentlich viel zu groß für uns. Deshalb hatten wir immer eine oder zwei Mietpartien im Haus wohnen und gaben das Bild einer recht internationalen Familie ab. Die Verlagsmitarbeiter kamen abwechselnd aus der Schweiz, aus Frankreich, aus den USA, Kanada und Deutschland. Unsere Untermieter, oft Studierende, die ihren Doktor in der theologischen Fakultät der Universität Basels machten, kamen nacheinander aus den USA, Japan, Norwegen, Indonesien, Deutschland und der Schweiz. Manche von ihnen blieben ein Jahr, manche drei Jahre, manche brachten ihre Frau mit, andere Frau und Kinder. Die Unverheirateten unter uns aßen zusammen und genossen je nach dem Herkunftsland unserer wechselnden Köchinnen französische Kost (viel köstliche Vorsuppen), amerikanische Kost (viel Gebäck, vor allem Pies), deutsche und dann zuletzt konstant Schweizer Kost.

In diesem Haus verbrachte ich die nächsten vierzehn Jahre. Zwei Jahre in den Staaten hatten mich vorbereitet auf ein multikulturelles Arbeitsteam. Einige Jahre musste ich sogar den Verlag leiten und war später auch nebenbei Hausmutter dieser wechselnden, recht jungen Familie, in der die älteren Studierenden manchmal Vater- und Mutterrollen übernahmen. Ich war auch selbsternannte Gärtnerin des großen Areals, in dem jeder sich einbringen konnte, soweit er wollte und soweit es seine Freizeit erlaubte. Es gab aber auch Aufgaben, die wir verteilten, so wie das Schneiden unseres großen Rasens und das Rechen der Herbstblätter unter den ausladenden Ästen der alten Kastanien, Buchen und Birken. Der weite, herrschaftliche Garten, der sich vor unserem Haus ausdehnte und nach hinten in einem langen steilen Abhang auslief, war eine nie endende Herausforderung für uns. Er lohnte uns aber alle unsere Mühe, wenn Pfingstrosen und Hortensien, die nicht viel Pflege brauchten und jedes Jahr wieder kamen, in voller Blüte standen und dann eine Blumenart nach der anderen zu blühen begann. Am Abhang hatte ich einen Steingarten angelegt, in dem wir nach und nach Pflanzen ansiedelten in echter Sammlerleidenschaft. So bot der Garten weiten Raum zur Erholung und Betätigung im Freien.

Die Aufgabe unseres Verlages war eine zweifache. Zunächst galt es, die Agape-Serie zu entwickeln, und zwar in deutscher und französischer Sprache. Sie bestand mit der Zeit aus zehn zehntägigen Bibelkursen für Kinder im Alter von fünf bis vierzehn Jahren. Zuerst übersetzten wir aus dem Englischen; die Bücher für die älteren Kinder schrieben wir selbst. Jeder Kurs bot ein Handbuch für den Leiter an und ein recht ausführlich gestaltetes Heft für die Kinder, die in jenen Jahren noch nicht mit Arbeitsheften aus der Schule überfüttert waren.

Die zweite Aufgabe bestand darin, dieses Material in den Gemeinden in der Schweiz, Deutschlands und Frankreichs bekannt zu machen und gleichzeitig Helfer für die Sommerfreizeiten in diesen Ländern zu schulen. Denn solche Kinderfreizeiten waren in den fünfziger Jahren noch unbekannt. Jugendarbeit ja! Aber Kinder? Genügten Religionsunterricht und Kindergottesdienst nicht? Warum ließ man die Kinder nicht einfach ihre Sommerferien genießen?

Der Agape-Verlag und sein kleiner Mitarbeiterstab taten also auf beiden Gebieten Pionierarbeit: In der Herstellung von Material für christliche Unterweisung, das weder für den Religionsunterricht noch für den Kindergottesdienst gedacht war, und in der Helferschulung für zehntägige Kinderfreizeiten am Wohnort der Kinder oder an einem Ferienort. Manchmal war das ein mennonitischer Bauernhof. Dort wurde dann der Beschäftigung mit Gottes Wort zweieinhalb Stunden am Tag eingeräumt. Der Rest des Tages war frei für Spielen, Schwimmen und Wandern.

Nun arbeitete ich also in einem Verlag und in einem Team, in dem ich die Schau, die Gott mir in Heilbronn gegeben hatte, verwirklichen durfte. Es waren Bücher und Kinder in einem sich befruchtenden Rhythmus, der das Material davor bewahrte, theoretisch zu werden. Denn sobald es – oft noch warm – aus der Druckmaschine kam, unterrichteten wir es in den Kinderfreizeiten. Im Winter konnten wir es dann noch einmal überarbeiten.

Die ersten Jahre fand die ganze Produktion der Bücher im Kellerraum der Starenstraße statt, wo Kenneth Hiebert, ein junger Amerikaner, der seinen Wehrdienst in Europa ableistete, eine Druckmaschine aufgestellt hatte. Andere amerikanische Wehrdienstverweigerer, die als „Pax Boys“ zu uns kamen, wurden von ihm beim Drucken angeleitet. Mit der Zeit hatte Kenneth am Entwerfen und Gestalten der Bücher mehr Freude als am Drucken. Er beschloss, sich in Basel als Grafiker ausbilden zu lassen, was später in USA sein Lebensberuf wurde. Kenneth wohnte weiterhin im Haus und sollte eigentlich weiter unser Berater sein. Aber er war auf einen anderen Stern umgezogen. Auf diesem konnten wir ihn trotz seiner Nähe oft schwer erreichen. Da und doch nicht da! Ich wünschte mir manchmal, er wäre weggezogen. In jener Zeit hatten wir anderen „Verlagsarbeiter“ alle Schuhe an, die uns zu groß waren. Niemand von uns hatte bei allem guten Willen, Berufung und Begeisterung Erfahrung im Verlagswesen, und der einzige, der sie sich mühsam in der Praxis erworben hatte, war ausgestiegen. Wenn ich unser kleines Team und die Riesenaufgabe ansah, die vor uns lag, die fachlichen Verbindungen, die wir eingehen mussten, um voranzukommen, ohne uns kompetent zu fühlen, wollte ich manchmal fast verzweifeln.

Da besuchte uns eines Tages der Leiter der Bibelschule, Cornelius Wall. Als weiser Pädagoge und geistlicher Berater sah er wohl schnell, was mit mir los war. Er schlug vor, mich auf einen Gang durch den Garten zu begleiten, er wolle meinen neu angelegten Steingarten sehen. Ich habe vergessen, was ich ihm erzählte auf diesem Gang. Er hatte für mich nur einen Satz: *Man fordert nicht mehr von den Haushaltern, als dass sie für treu befunden werden* (1. Korinther 4,2). Das war alles, und es war genug. Mir fiel ein Stein vom Herzen. Treu sein konnte ich. Es hieß einfach, das anzuwenden, was ich schon gelernt hatte, und dann weiter zu lernen, Tag für Tag, bis auch ich die Kompetenz erworben hatte, die für die Aufgabe nötig war. Nun fasste ich neuen Mut, und das machte alles andere leichter.

Gott schenkte unserer Arbeit gutes, fruchtbares Wachstum. Die Agape-Serie wurde weit über die Kreise der Mennonitengemeinden hinaus bekannt und war eine gern gesehene Unterrichtshilfe in den Kinderbibelfreizeiten der damaligen Jahre. Anderes kam hinzu, wenn auch nicht viel.

Ein guter Freund aus einem anderen Verlag, Dr. Horst Quiring, machte uns Mut, doch die jährlichen Tagungen der Vereinigung Evangelischer Buchhändler (VEB) zu besuchen. Kenneth Hiebert drängte mich, teilzunehmen und den Agape-Verlag dort zu vertreten. Ich entsinne mich noch an den Tag, bevor ich mich dann endlich anmeldete. Ich fühlte mich noch einmal so klein und unbedeutend, hatte so wenig Ahnung von dem, was in dieser mir noch fremden Verlagswelt vor sich ging. Warum ging Kenneth nicht selber mit, wenigstens zum erstenmal, sondern schickte mich allein? Ich wollte nicht gehen, ich brachte den Mut dazu einfach nicht auf. Aber ich tat es dann doch. Ich sprang über meinen eigenen Schatten. Ich wollte treu sein.

Welch einen Gewinn brachten mir diese jährliche Tagungen! Die evangelikalen Verlagsleiter und Leiter von Buchhandlungen kamen eine Woche früher zusammen, um biblische Themen zu besprechen, Gemeinschaft untereinander zu pflegen und auch zu fachsimpeln. Ich fühlte mich voll angenommen! Auf der ersten Tagung entwickelte ich in meinem Übereifer eine Gewohnheit, die ich für weitere Tagungen später beibehielt. Ich nahm mir eine Liste der Teilnehmer mit in mein Zimmer. Am Abend kreuzte ich die Namen aller derjenigen an, mit denen ich während des Tages einen persönlichen Kontakt gehabt hatte und stellte sie mir in Gedanken noch einmal vor. Dann las ich die übrigen Namen, um sie mir zu merken, und am nächsten Tag versuchte ich, neue Kontakte zu knüpfen. So schwamm ich mich frei und konnte erfahrenen Männern und Frauen Fragen stellen und manchen fachlichen Rat einholen. Ich entdeckte auch, dass unser Produkt, die Agape-Serie, einmalig auf dem damaligen Markt war, was mir Mut machte.

Diese Vorwoche floss dann ein in die Gesamttagung der VEB, durch die gute Verbindungen entstanden.

Einmal fand diese Tagung in Amersfort in Holland statt. Das war der Juni des Jahres 1967, in dem der Sechs-Tage-Krieg in Israel stattfand. Er brach an dem Tag aus, an dem ich mich auf die Reise nach Holland machte und war zu Ende, ehe ich wieder zurückfuhr. Ich habe dieses mich tief bewegende Ereignis in einem Gedicht festgehalten.

Und endlich wagten wir es auch, uns für einen Stand auf der in jedem Herbst stattfindenden Frankfurter Buchmesse zu bewerben. Das war ein weiterer mutiger Schritt in die Öffentlichkeit. Es machte uns Freude, die Erzeugnisse unseres Verlages auf der Buchmesse auszustellen – eingegliedert in die fachliche Gemeinschaft mit anderen Verlagen – und den vielen Besuchern Auskunft über die Agape-Serie und unsere anderen Bücher zu geben. Einmal kam Professor Johannes Harder, ein bekannter Theologe in unseren Gemeinden, am Stand des Agape-Verlages vorbei, sah sich alles genau an und sagte dann nur: „Kinder, ihr seid fleißig gewesen." Ein hohes Lob aus berufenem Mund!

All diese Schritte wurden möglich, und am Anfang stand das schlichte Bibelwort von Cornelius Wall. *Man fordert nicht mehr von den Haushaltern, als dass sie für treu befunden werden.* Dieser Satz blieb eine Entlastung für meine weitere Berufslaufbahn, in der ich immer wieder einmal in Schuhen gehen musste, die zunächst zu groß für mich waren.

Sechs-Tage-Krieg in Israel

Badische Neueste Nachrichten,
Extra-Blatt, eilends ins Fenster gereicht,
ehe der Zug weiter nach Norden rast.
Krieg – Krieg – Krieg – rollen die Räder!
Da, ein dumpfer Schlag gegen die Tür des Abteils
und auf dem Boden ein sterbender Vogel.
Kleiner Sänger du, froh die Schwingen gebreitet
in den warmen Junitag stoßend
fand dein Verhängnis dich jäh,
würgte das Lied in der Kehle,
löschte das jubelnde Leben.

So auch, Israel, liegen in dieser Stunde
erste Erschlagene deines ersten Kampftags,
gebrochen die Kraft
erstorben das Lied,
erloschen das Leben.

Ich gedenke nicht der Männer in mittleren Jahren,
die – kampfgewohnt –
schon unsagbares Elend bestanden und
wie ein Brand aus dem Feuer gerettet
ihre beste Kraft Erez Israel weihten.
Angesichts dieses kleinen toten Sängers
gedenk ich der jungen Mannschaft,
Burschen und Mädchen,
die kaum ihr Leben begonnen.
Heldentod für die Heimat – wen soll das trösten?
Vater, Mutter, Bräutigam oder Braut?
So viele Lieder, die nicht zu Ende gesungen,
so viele Sehnsucht, die keine Erfüllung fand.

Von dem Griffe des Hasses erwürgt
liegen sie ausgelöscht, ewig verstummt und erkaltet.
Deiner jungen Mannschaft gedenke ich, Israel,
jedes einzelnen Lebens,
das sich entfalten und blühen wollte.

Fern vom Schauplatz des Krieges
und doch so nahe dir, Israel, dir, Jerusalem,
rufen wir zu dem Schöpfer,
der den Tod dieses kleinen Sängers wahrnahm,
der die Toten in aller Welt kennt,
der nicht will, dass Menschen die Hand
gegen Menschen erheben,
Blut seiner Kinder vergießend,
die er nach seinem Bilde erschaffen.

Wir rufen zu dir, dem Starken,
der den Kriegen steuert in aller Welt,
der Bogen zerbricht, Spieße zerschlägt
und Wagen mit Feuer verbrennt:
Dein Volk, Herr, erbarme dich seiner,
dass es aufs Neue erkennt – und mit ihm die Welt –,
wer sein Erretter, sein Gott, und dich preist.

Anni Dyck, Juni 1967

10 Ich habe immer zu schnell gehandelt

BASEL, 1957

Ich arbeitete noch nicht lange im Agape-Verlag in Basel, als meine Mutter mir in einem Brief schrieb: „Nun bist du in der Stadt, in der eine meiner früheren Kurskolleginnen aus der Frauenmissionsschule Malche in Freienwalde a.d. Oder sein muss. Sie war die einzige Schweizerin unter uns, schon älter als wir, und wollte Missionarin werden. Aber nachdem sie in die Schweiz zurückgekehrt war, brach eine schwere Krankheit bei ihr aus. Das letzte, was ich über sie hörte war, dass sie im Bürgerspital in Basel sein müsse. Ob du dich nicht einmal nach ihr erkundigen könntest?"

Die Malche! Wie oft hatte Mutter von ihrer einjährigen Ausbildung in dieser Frauenmissionsschule erzählt! Sie hatte das zweite Jahr, den Oberkurs, nicht mehr machen können, weil sie gebeten wurde, den Posten einer russischen Sekretärin im Missionsbund „Licht im Osten" in Wernigerode auszufüllen. Aber was sie in dem einen Bibelschuljahr gelernt hatte, praktizierte sie ihr ganzes Leben lang. Ich rechnete schnell nach. Mutters Ausbildungsjahr war wohl 1920 gewesen. Das lag also 41 Jahre zurück. So musste Seline Renaux jetzt so zwischen 65 und 70 Jahre alt sein.

An einem freien Samstagnachmittag machte ich mich auf den Weg ins Bürgerspital. An der Pforte nannte ich den Namen Seline Renaux. Die Diensthabende konnte ihn nirgends finden. Unverrichteter Dinge wollte ich umkehren, da fügte sie hinzu: „Warten Sie, es gibt hier noch einen Anbau, wo ältere Dauerpatienten liegen. Dort könnte ich noch nachschauen." Sie brachte einen neuen Ordner und in dem entdeckte sie den Namen. Sie erklärte mir den Weg zu dem abgelegenen Gebäude und gab mir die Zimmernummer von Fräulein Renaux. Da fand ich sie dann! Sie teilte das Zimmer mit einer anderen Frau, die noch schwerer behindert war als sie. Natürlich war sie sehr überrascht über meinen Besuch und ich hatte zuerst Mühe, ihr Baseldütsch zu verstehen. Als sie aber hörte, dass ich die Tochter von Lisa Pauls war, konnte sie sich noch gut an sie erinnern und freute sich sehr. Sie erzählte mir bei diesem ersten Besuch, dass sie schon viele Jahre hier im Anbau des Bürgerspitals läge und auch keine Hoffnung habe, je einmal an einen anderen Ort zu kommen. Verwandte hätte sie keine mehr, ihr Bruder sei auch schon gestorben. Sie bekäme aber ab und zu Besuch von Bekannten.

Wohl ein Jahr lang gab es von da ab eine wöchentliche Routine für mich. Am Samstagnachmittag holte ich mein Velo mit Gangschaltung aus der Garage und radelte die steile Straße vom Bruderholz hinunter Richtung Bürgerspital. Mir klingt das erfreute „Grüezi, grüezi!" von Seline Renaux heute noch im Ohr. Dann saß ich etwa eine Stunde an ihrem Spitalbett und hörte ihr zu. So allmählich gewann ich Einblick in ihr langes Leben. Als unbemittelte Waise war sie ihrem Onkel übergeben worden, der zugleich ihr Vormund war. Wie sie es geschafft hatte, die Malche zu besuchen, weiß ich nicht mehr. Denn auch ihr Onkel muss recht arm gewesen sei. Als er ihren zunehmend unsicheren Gang entdeckte, sagte er zu ihr: „Du bist krank. Wenn du eines Tages nicht mehr arbeiten kannst, können wir dich nicht behalten. Dann kommst du ins Armenhaus im Bürgerspital.“ (In der Schweiz hat ja jeder Bürger in seinem Kanton Heimatrecht. Auch wenn er nicht mehr für sich aufkommen kann, wird er versorgt. Basel Stadt war Fräulein Renauxs Heimatkanton.)

Diese sachliche Feststellung ihres Onkels löste in Seline einen sofortigen Widerstand aus. „Niemals ins Armenhaus!“, sagte sie sich. Es muss für sie eine große Schande bedeutet haben, so jung dorthin abgeschoben zu werden. Inzwischen war die ärztliche Diagnose klar, sie hatte eine schnell fortschreitende Multiple Sklerose. Sie arbeitete weiter, solange sie konnte. Aber die Krankheit nahm ihren Verlauf. Selines tiefe Frage war: Wie konnte Gott diese Krankheit in ihrem Leben zulassen, wo sie doch bereit gewesen war, für ihn in die Mission zu gehen? Sie konnte ihren Gott nicht mehr verstehen! Warum heilte er sie nicht? In ihrer Bemühung, dem Armenhaus zu entgehen, versuchte sie jeden anderen Weg, verbrauchte ihre wenigen Mittel für Kuren, die nichts erbrachten. Und so kam dann bei ihrem Erzählen über diese Zeit ihres Lebens wieder und wieder der Satz: „Ich habe immer zu schnell gehandelt!“

Als alle Mittel aufgebraucht waren, als alle eigenen Wege in einer Sackgasse endeten und die Lähmung so schlimm geworden war, dass sie auch ihre Hände nicht mehr recht bewegen konnte, kam der gefürchtete Moment: die Einweisung ins Armenhaus in Basel. Aber in der Nacht zuvor überließ Seline Renaux sich aufs Neue Gottes Führung. Sie konnte im Glauben erfassen, dass ihr himmlischer Vater sie nie aus den Augen verloren hatte und auch jetzt mit ihr ging!

Es folgten lange Jahre im Bett und im Rollstuhl. Aber auf den Akt des neuen Vertrauens zu ihm tat Gott etwas Unerwartetes für sie: Ihre Hände entkrampften sich und sie konnte bis ans Ende ihres Lebens Handarbeiten machen – besonders stricken –, mit denen sie sich ein kleines Taschengeld verdiente.

Die Zeit der Auflehnung gegen Gott war so tief eingekerbt in Seline Renauxs Erinnerung, dass sie den Satz „Ich habe immer zu schnell gehandelt" stereotyp wiederholte. Manchmal fragte ich mich, warum ich ihn mir Woche für Woche anhören musste.

Seline Renaux starb an einem Sonntag. Am Samstag zuvor war ich bei ihr gewesen. Es ging ihr schon sehr schlecht. Sie bat mich, ihr zu trinken zu geben. Mein letzter Liebesdienst für sie war, ihr das Glas an die Lippen zu setzen. Einige Tage später gingen wir als eine sehr kleine Gruppe von Freunden, ich glaube wir waren fünf, hinter ihrem Sarg her und wohnten ihrer Beerdigung bei. Sie ließ mich zurück mit ihrem Satz.

Über die Jahre gewann dieser Satz an Bedeutung für mich und ich begriff langsam, warum ich ihn ein Jahr lang fast wöchentlich hatte anhören müssen. Impulsiv veranlagt neige ich zum spontanen Handeln und werde von Natur leicht ungeduldig, wenn die Dinge sich nicht bewegen oder anders bewegen, als ich es mir vorstelle. Ich erkannte, dass auch ich oft zu schnell handelte, auch oft zu schnell redete. Zusammen mit meinen Freizeitkindern lernte ich die drei

Fragen des Sokrates auswendig, die wir in einem unserer Kinderbibelkurse im Zusammenhang mit dem siebten Gebot, „kein falsch Zeugnis geben“ angeführt hatten:

1. Ist das, was du sagen willst, wahr?
2. Ist es nötig, es zu sagen?
3. Hilft es deinem Nächsten?

Es galt für mich zu lernen, besser und geduldiger hinzuhören, sich mit einer Erwiderung Zeit zu lassen, auf andere zu warten und ihnen nicht zuvorzukommen. Das rechte Wort zum rechten Zeitpunkt und im rechten Ton zu sagen, darauf kam es an.

Der Satz von Seline Renaux ist meine Bremse geworden. Ich habe mir mit der Zeit angewöhnt, meine Pläne mit anderen zu besprechen und das Wort „Warte lieber noch etwas“ bereitwillig anzunehmen. Ich durfte lernen, dass wenn eine Sache von Gott ist, sie auf alle Fälle durchkommt, wenn nicht jetzt, dann später. Für dieses Lernen hatte ich ein ganzes Leben lang Zeit.

Seline Renaux war sehr arm, auch arm an äußeren Erlebnissen durch ihr jahrelanges Eingeschlossensein, aber sie war reich in Gott und an inneren Erfahrungen mit ihm. Einmal sah sie einen Engel am Fußende ihres Bettes stehen, der gekommen war, um sie zu trösten. Sie hat mich reich gemacht und gesegnet durch das Zeugnis ihres Lebens. Ihr zum Gedächtnis habe ich kurz nach ihrer Beerdigung folgende Zeilen geschrieben.

Requiem für Seline Renaux

Herr, ich sehe in das Angesicht einer Toten.
Wie still ist dieses Gesicht, wie weiß und still.
Es ist wie versiegelt.

Der Tod ist ein großer und ernster Verwandler.
Wir, die Lebenden, stehen und verstummen
Und werden mit verwandelt.

Gott, dein Weg ist heilig.
Vor dieser Toten erkenne ich,
dass wir vom Ende her denken müssen,
wenn wir überhaupt etwas verstehen wollen.

„Es ist ihr wohl", sagen wir und atmen auf,
wie befreit von den notvollen Fragen,
die dieses Leben uns stellte.
Aber ich kann mich noch nicht abwenden.
Ich bin wie gebannt von der Geschichte
dieser Seele mit ihrem Gott.

Sie wollte dir dienen, Herr,
sie wollte helfen, dein Reich zu bauen
unter den Armen und Kranken in der Mission.
Aber du legtest sie aufs Krankenlager
für Jahrzehnte ihres Lebens.
Was hatte sie vom Leben? Du nahmst ihr alles.

Aber sie hatte dich, ja Herr, sie hatte dich!
Und das Bekenntnis, dass sie getröstet wurde
mitten im Schmerz, in der Armut,
in mancher Enttäuschung,
Herr, dieses Bekenntnis traf uns tief.

Denn wir sahen ja, wie wirklich die Qual
der langsam verrinnenden Stunden war,
wie unerbittlich der Kampf
des alten mit dem neuen Menschen,
vor dem sie in keine Geselligkeit
oder Betriebsamkeit flüchten konnte,
die Sehnsucht nach einem anderen Platz,
an den du sie führen würdest,
eine Hoffnung, die sich nicht erfüllte.

An diesem allen nahm ich teil,
eine Stunde in der Woche,
und manchmal mit versteckter Ungeduld.
Aber sie war immer in deiner strengen
und doch barmherzigen Schule, wie sie bekannte.

Herr, nun hast du sie in dein Haus geführt
und sie versiegelt mit deinem königlichen Siegel.
Wie hast du auch ihrem armen kranken Leib
den Stempel deiner Hoheit aufgedrückt:
„Sie ist mein, rührt sie nicht an.
Sie ist meine Braut, um die ich warb,
mit der ich mich verlobte in Ewigkeit."

Sie geben mir ein Zeichen, dass ich gehen soll.
Sie wollen diesen Leib nun
in dem Armensarg verschließen.
Denn er muss wieder zu Erde werden,
von der er genommen ist.
Aber die Seele zu Gott, der sie gegeben hat.

Herr, erfülle an dieser Toten,
die vor dir lebt,
deine Verheißungen.

Anni Dyck, Basel 1957

11 Etliche aber …

REGENSBURG, 1960

Das war das Thema einer Predigt in der Mennonitengemeinde Regensburg, die der damalige Prediger Willi Wiedemann hielt. Ihr lag der Text aus Hebräer 11 zugrunde, insbesondere die Verse 31–40. Aus Vers 35b kam das Thema: *„Etliche aber …“*

Ich war in den Sechzigerjahren während der Sommermonate immer wieder einmal in Regensburg, um die jährlichen Kinderbibelfreizeiten vorzubereiten und zu leiten. Da nahm ich gern an den Gottesdiensten der Gemeinde teil, in der damals viele Kinder heranwuchsen.

Was mich an jener Predigt packte und nicht mehr losgelassen hat, war die krasse Gegenüberstellung von zwei Gruppen von glaubenden Menschen, die sich auf Gott in Not und Verfolgung verließen, aber eine sehr unterschiedliche Führung Gottes erlebten. Die eine Gruppe wurde in Kämpfe und Zerreißproben geführt und durfte als Sieger daraus hervorgehen. Wenn man sich diese Liste der Überwinder ansieht, dann liest man:

> *Sie haben durch den Glauben Königreiche bezwungen, Gerechtigkeit geübt,*

Verheißungen erlangt,
Löwen den Rachen gestopft,
des Feuers Kraft ausgelöscht.
Sie sind der Schärfe des Schwertes entronnen,
aus der Schwachheit zu Kräften gekommen,
sind stark geworden im Kampf,
haben fremde Heere in die Flucht geschlagen.
Frauen haben ihre Toten durch Auferstehung
wiederbekommen ...

Das ist das, wozu wir ermutigt werden, Überwinder im Glauben zu sein, und was wir ja auch von Herzen wollen: In unserem praktischen Alltag und in ganz besonderen Anfechtungen zu überwinden. Wir lesen Kurzgeschichten und Lebensbilder aus unserer Zeit, die die gleichen Erfahrungen wiederspiegeln. Gott half hindurch, Gott heilte, Gott gab Mut und Kraft, Gott führte zum Sieg.

Und dann kommt die dunkle Seite der Angefochtenen, das „Etliche aber“:

Etliche aber sind gemartert worden
und haben die Freilassung nicht angenommen,
damit sie die Auferstehung, die besser ist, erlangten.
Andere haben Spott und Geißelung erlitten, dazu
Fesseln und Gefängnis.
Sie sind gesteinigt, zersägt, durchs Schwert getötet
worden.
Sie sind umhergezogen in Schafspelzen und
Ziegenfellen.
Sie haben Mangel, Bedrängnis, Misshandlung
erduldet.
Sie, deren die Welt nicht wert war, sind umhergeirrt
in Wüsten, auf Bergen, in Höhlen und Erdlöchern.

Die Aufzählung der beiden Gruppen von Menschen endet mit den Worten:

Diese ***alle*** *haben durch den Glauben Gottes Zeugnis empfangen und doch nicht erlangt, was verheißen war, weil Gott etwas Besseres für sie vorgesehen hat, denn sie sollten nicht ohne uns vollendet werden.*

Die Frage „Warum?“ steigt meistens in extremen Situationen unseres Lebens auf. Uns erreicht die Nachricht von der schweren Erkrankung eines Freundes. Wir beten im Glauben um seine Heilung und er stützt sich auf unser Gebet und die Verheißung, dass es besser werden wird mit ihm. Und dann stehen wir an seinem Grab. Lag es an unserem oder seinem mangelnden Glauben?

Wir haben eine Liste von Gefangenen in sensitiven Ländern, für die wir beten. Einige werden frei, die anderen leiden weiter im Gefängnis. Jahre vergehen, der Gesundheitszustand der gefangen Gehaltenen verschlimmert sich. Warum wurde der eine entlassen, und die anderen nicht?

Wir nehmen an einer Versammlung teil, in der für Kranke gebetet wird. Die Bekannte neben mir, die zwei Tage später eine komplizierte Operation haben soll, wird an diesem Nachmittag vollständig von ihrem Leiden geheilt. Dies bestätigt der Chirurg ihr am Operationstag. Sie kann es kaum fassen. Bei mir geschieht nichts in der Sache, für die ich um Heilung betete. Meine Bekannte hatte keine große Erwartung und war schon ganz auf die Operation ausgerichtet; ich musste sie richtig ermuntern, mit mir nach vorne zu kommen, wo für Kranke gebetet wurde. Ich ging mit Erwartung. Warum wurde eine geheilt und die andere nicht? Hatte ich mehr für sie als für mich geglaubt?

Es sind zwei Grundfragen, die aufsteigen können nach solchen Erlebnissen. Die eine: „Ist Gott wirklich allmächtig? Und wenn ja, warum greift er nicht ein?“ Die zweite Frage folgt der ersten auf dem Fuß: „Ist Gott wirklich Liebe, wie Johannes behauptet? Und wenn ja, warum nimmt er sich meiner Not nicht an?“

Wir wissen nicht, warum Gott so verschieden führt, und wir brauchen es auch nicht zu wissen. Noch nicht. Hiob hat auch keine Antwort auf sein Fragen „Warum?“ bekommen. Gott hat sich ihm kraftvoll in persönlicher Zuwendung offenbart und Hiob erkannte ihn und beugte sich vor ihm. So dürfen auch wir in unserem Fragen zur Ruhe kommen, weil wir unseren Gott kennen und ihn als treu erlebt haben in allem, was er tut. Und auch, weil wir das elfte Kapitel im Hebräerbrief haben. Das „Etliche aber…“ ist mein Halteseil geworden, wenn solche Fragen aufkommen wollen oder mir gestellt werden. Gott führt auf beiden Wegen, und beides sind Wege, die wir im Glauben gehen können und sollen, die unter Gottes Verheißung stehen: *„Diese **alle** haben durch den Glauben Gottes Zeugnis empfangen…“*

Ich erinnere mich an zwei Kampfgefährtinnen, die jahrelang gemeinsam im Gebetsdienst für die Mission gestanden hatten. Eine von ihnen räumt ihren Schreibtisch auf und ordnet ihre Dinge. Am Nachmittag fährt sie mit ihrem Auto von einer Gebetszusammenkunft in ihre Stadt zurück. Es wird ihr unwohl, sie fährt an den Straßenrand, legt den Kopf aufs Steuer und ist daheim bei ihrem Herrn. Die andere geht durch lange Jahre des Abnehmens, zieht in ein Pflegeheim. Sie erkrankt, ein Bein muss abgenommen werden, sie erholt sich nicht mehr so recht nach dieser Amputation. Ich habe sie einige Male in dem Heim besucht, wo sie ihre letzten Jahre verbrachte, bis sie, fast erblindet, in einem Krankenhaus starb. Als ich sie das letzte Mal besuchte, sagte sie still und gewiss: „Es ist Gottes Weg mit mir."

Wenn ich wählen dürfte, ich würde die hellere, die Kampfseite, wählen. Kämpfen, Sieg erleben, und dann ein Zeugnis haben, das andere ermutigt, auch solche Glaubenserfahrungen zu machen und mit ihrem Sieg Gott zu verherrlichen.

„Etliche aber ..." bringt uns ins Gleichgewicht. So schwer es ist, so viele Fragen auch bleiben im Blick auf das Leid, oft jahrelanges, unverstandenes Leid wie im Fall von Seline Renaux: Durchs Dunkel gehen, ohne aufzugeben, ist ein Glaubensweg. Der Rat von Hiobs Frau „Sage Gott ab und stirb!" ist der verzweifeltste Rat, den wir einem Menschen geben können. Deshalb ist auch jeder Selbstmord eigentlich zu früh. Es gibt immer noch einen Ausweg, von Gott her gesehen, wenn wir nur warten können.

In dem Altenheim, in dem meine Mutter ihre letzten Lebensjahre verbrachte, wohnte auch eine Pfarrerswitwe. An einem Samstagnachmittag bat meine Schwester, die zu jener Zeit Heimleiterin war, Mutter, diese Frau zu besuchen. Sie fand die sonst im Glauben stehende Frau ganz verzweifelt vor. Sie konnte kaum einen Anfang finden, um ihrer Not Ausdruck zu geben. Endlich bekannte sie, dass sie in den letzten Tagen immer wieder versucht würde, sich aus dem Fenster zu stürzen und ihrem Leben ein Ende zu machen. Mutter versicherte ihr, dass dies eine Einflüsterung Satans sei, der sie ihre Ohren verschließen müsse. Dann beteten beide Frauen zusammen und die Anfechtung wich. Am folgenden Tag, einem Sonntag, konnte sie noch am Gottesdienst teilnehmen und schlief am Nachmittag im Frieden ein, um in der Ewigkeit aufzuwachen. Gott ist größer als unser Herz, und wir fallen immer in seine Hände.

Nicht wir, Gott ist der Richter. Dieses Amt hat er sich vorbehalten. Wir müssen immer aufs Neue prüfen, was die eigene, gewachsene und erprobte Glaubenshaltung ist, die sich auf Gottes Wort gründet. In manchem müssen wir offen sein, in manchem um klare Grenzen wissen, manchmal sogar bereit sein, für eine eigene Überzeugung zu sterben, wenn es sein müsste. So extrem? Ja, so extrem!

Ich habe da immer über die drei Freunde Daniels gestaunt, die vor dem König Nebukadnezar stehen, angeklagt, dass sie sein goldenes Bild nicht angebetet haben. Sie kannten ihren Gott. Und ihre Antwort auf das „Entweder-Oder" des Königs und auf die letzte Chance, die er ihnen geben wollte, um die gewissenhaften und ihm treuen Ratgeber an seinem Königshof nicht zu verlieren, war schlicht: *Es ist nicht nötig, dass wir dir darauf antworten. Wenn unser Gott, den wir verehren, will, kann er uns erretten aus dem glühenden Ofen, und aus deiner Hand, o König, kann er erretten. Und wenn er's nicht tun will, so sollst du dennoch wissen, dass wir deinen Gott nicht ehren und dein goldenes Bild, das du hast anfertigen lassen, nicht anbeten wollen.*

Mit dieser Antwort gingen sie in den Feuerofen, und aus dem Feuerofen errettete sie Gott so, dass man nicht einmal einen Brandgeruch an ihnen feststellen konnte. Das war eine recht extreme Haltung aus Glauben. Wir dürfen diese drei Freunde zu den Glaubenshelden rechnen, die des Feuers Kraft ausgelöscht haben, mit Gottes Hilfe!

Die Flammen, die an dem Scheiterhaufen von Johann Hus, dem frühen böhmischen Reformator, emporzüngelten, wurden nicht gelöscht, obwohl er fest im Glauben stand.

Martin Luther sagte vor den deutschen Fürsten und den päpstlichen Gesandten in Worms am Ende langer Verhöre: „Hier stehe ich. Ich kann nicht anders. Gott helfe mir, Amen." Er konnte in Sicherheit gebracht werden und hat das Werk der Reformation noch lange Jahre fortsetzen dürfen.

Die Reformation einiger Schweizer Täuferführer, die im 16. Jahrhundert ihrer Glaubensüberzeugung Ausdruck gaben, wurde zunächst im Keim erstickt. Ihre Führer wurden mit dem Schwert getötet, verbrannt oder ertränkt. Sie gehörten zu den *etliche aber ...*

Wie wollen uns bereit machen lassen, unseren Weg zu gehen, der uns heute noch verborgen ist, von dem wir aber am Ende glaubend bekennen werden: „Das war Gottes Weg mit mir."

12 Der dich gemacht hat, ist dein Mann

MADRAS/CHENNAI, JUNI 1968

Madras war ein Zwischenstopp auf unserem Weg nach Hyderabad in Andhra Pradesh, Indien. Dort wollten wir die Glaubensgemeinschaft von Bruder Bakht Sing besuchen, bevor wir nach Europa zurückkehrten.

Während Dr. Marthe Kopp, meine Reisegefährtin, sich in dem von der Klimaanlage gekühlten Hotelzimmer ausruhte, war ich auf den Balkon gegangen. Die warme feuchte Tropenluft schlug mir entgegen. Ich fühlte mich wie auf einer Brücke, aufgebrochen und noch nicht angekommen. Es war gut, auf dieser Brücke, wenn auch nur kurz, zu verweilen, um Rückschau zu halten.

Zweieinhalb Monate Indonesien lagen hinter mir. Im vergangenen Sommer in Amsterdam, während einer Mennonitischen Weltkonferenz, war der Gedanke an diese Reise erstmals aufgekommen. Pfarrer Djojodihardjo hatte von der geistlichen Erneuerung in vielen Mennonitengemeinden Mitteljawas berichtet. Albert Wijaja, Abgeordneter der chinesischen Mennonitengemeinden Indonesiens, hatte uns von der Literaturabteilung dringend eingeladen, seine

Gemeinden zu besuchen und ihnen zu helfen, Material für ihre Arbeit unter Kindern herzustellen.

Nun war die Reise Wirklichkeit geworden. Ich dachte zurück an den ersten Abend in Jakarta, als wir vom Flughafen zum Haus meiner chinesischen Freunde unterwegs waren. Während wir durch die dunklen Straßen fuhren, drang das Leben dieses für mich noch fremden Landes von allen Seiten auf uns ein. Ich sah, hörte und roch es gleichzeitig: Menschen, alles gedrängt voller Menschen! Sie hockten am Straßenrand, sammelten sich an kleinen, von Petromaxlampen beleuchteten Verkaufsbuden oder waren unterwegs wie wir mit hupenden Autos, Mopeds oder Fahrrädern ohne Beleuchtung. Fahrradtaxen, Bejaks genannt, jonglierten ihre Fahrgäste mit schrillem Klingeln durch den Linksverkehr. Eine süßliche Duftwolke von Zigaretten mit Nelkenaroma drang in unser heruntergerolltes Fenster, dazu der Geruch von Fettgebackenem und Fisch.

Zuerst in den Großstädten Jakarta und Semarang, und danach in den Dörfern Mitteljawas hatte ich die unzählig vielen Kinder gesehen. Ich konnte noch nicht mit ihnen sprechen, aber es war immer jemand bei mir, der übersetzte und meine Fragen beantworten konnte. Ab Tayu war es Dr. Marthe Ropp, die leitende Ärztin des mennonitischen Krankenhauses, die sich frei gemacht hatte und mich während der letzten Wochen meines Indonesienaufenthalts begleitete. Sie fuhr auch mit mir nach Batu in den Bergen Ostjawas. Dort hatten 1957 Missionare des WEC (Weltweiter Einsatz für Christus) eine Bibelschule ins Leben gerufen. Die indonesische Missionsgemeinschaft dort hatte im Jahr zuvor eine Erweckung erlebt, und ich durfte Zeugnisse aus erster Hand zu hören. Sie halfen mir, Gottes Handeln in jenen für Indonesien so entscheidenden Jahren besser zu verstehen. In Batu begegnete ich auch Ruth Läufer. Sie erarbeitete mit ihren indonesischen Mitarbeiterinnen Sonntagsschullektionen, die in den Dörfern rings um Batu herum unterrichtet und von den Bibelschülern auf vielen Inseln verbreitet wurden. Also arbeitete sie auf dem gleichen Gebiet wie wir im Agape-Verlag in Basel.

„Komm wieder, wir haben viel Arbeit für dich“, hatte Albert Wijaja beim Abschied zu mir gesagt. Es war nicht schwer gewesen, ihm zu glauben. Noch nie hatte ich so viele Kinder, unzählige Kinder, beieinander gesehen. Die meisten hatten wohl noch nie Gelegenheit gehabt, von Jesus zu hören. Und doch – konnte ich meine Aufgabe in Basel einfach aufgeben? Viel Arbeit würde nach meiner Rückkehr auf mich warten ...

Ich schlug meine Bibel auf, deren Schrift ich trotz der nur spärlichen Beleuchtung entziffern konnte. Ohne lange zu suchen, fiel mein Blick auf Jesaja 54,5: *Der dich gemacht hat, ist dein Mann – Herr Zebaoth heißt sein Name – der aller Welt Gott genannt wird.* Dieser Satz traf mich. Gott sprach durch ihn persönlich zu mir. Ursprünglich hatte er ihn zu seinem Volk Israel gesagt und ihm damit eine neue Gnadenzeit nach seiner Verwerfung zugesagt. Aber er wurde hier „aller Welt Gott“ genannt. Er war auch mein Gott, mein Schöpfer, der mich gemacht hatte. Und nun bot er mir in dieser tropischen Nacht auf dem Balkon in Madras – zwischen den Welten – das Kostbarste an, was einem Menschen geschenkt werden kann: Die Gemeinschaft mit ihm, meinem Schöpfer. Wie ein Mann seine Frau schützend und liebend umgibt, so durfte ich unter dem Schutz

Gottes, in liebender Vereinigung mit ihm, Vater, Sohn und Heiliger Geist, meinen Weg fortsetzen, einerlei, wohin er mich führte.

Überwältigt von dieser Zusage ging ich ins Zimmer zurück. Marthe und ich lasen den Vers in Jesaja noch einmal gemeinsam; dann knieten wir nieder und beteten Gott an. Den Gott, der uns unser Leben geschenkt hatte, den Gott, der der Wichtigste, der alles Umfassende in unserem Leben sein wollte. „Ich, der dich gemacht hat, bin dein Mann. Suche alles, finde alles in mir!"

An jenem Abend wusste ich, dass ich nicht heiraten würde, dass ich meinen Dienst für Gott und die Menschen, wo immer es auch sein mochte, als Alleinstehende – Single – tun würde. Erstaunlicherweise kam dieses Wissen als eine Befreiung. In meinem Leben hatte es zwei Männer gegeben. Mit dem ersten war ich verlobt gewesen, aber er hatte sich zurückgezogen, ehe es zur Heirat kam. Mit dem zweiten war ich nicht so weit gegangen, aber das Gefühl eines schmerzlichen Verlustes hatte mich lange nicht mehr losgelassen. Ich danke Gott für diese beiden Erfahrungen, die ich machen durfte als Frau! Ich hatte gespürt, welche Kräfte die Liebe zwischen Mann und Frau wecken kann und wie erfüllend eine Zweisamkeit und später eine Familie sein könnten. Ich bin noch heute überzeugt, dass es das Natürliche und von Gott Geordnete ist, dass ein Mann und eine Frau sich finden und eine Ehe schließen auf Lebenszeit. Aber es schien nicht meine Berufung zu sein. Den Teil auf dem Acker seines Reiches, den Gott mir zugedacht hatte, konnte ich wohl besser „single" und „single minded" tun.

Viele Jahre später wurde meine Aufmerksamkeit auf eine andere Bibelstelle gelenkt, auf Hosea 14,9. Hier sagt Gott dem Stamm Ephraim zu: *Ich will sein wie eine grünende Tanne; von mir erhältst du deine Früchte.* Der Name Ephraim bedeutet „fruchtbar", aber Ephraim hatte Götzen zu seinem Gott gemacht und von ihnen Fruchtbarkeit erwartet.

Ich sah in diesem Wort eine Ergänzung zu Jesaja 54,5. Zusammen lauteten die Verse für mich: *Der dich gemacht hat ist dein Mann – Herr Zebaoth heißt sein Name – der aller Welt Gott genannt wird. Von mir erhältst du deine Früchte.* Oder, wie es in der Scofield-Bibel heißt: *An mir soll man deine Frucht finden.* Obwohl ich mein Leben als Single gelebt und keine leiblichen Kinder habe, hat Gott Frucht geschenkt: Kinder, die ich unterrichten und zum Herrn führen durfte, junge Menschen, die sich mir anvertrauten und die im gewissen Sinn meine Kinder wurden. Mein Leben ist fruchtbar geworden in der Verbindung mit meinem Schöpfer. Aller Dank, alle Ehre gehört ihm allein!

13 Freut euch, dass eure Namen im Himmel geschrieben sind

KORNTAL, ROGATE 1971

Der Sonntag Rogate 1971 war der Tag meiner Aussendung nach Indonesien. Er war aber genauso oder noch mehr Mutters Tag.

Während der drei Jahre, die zwischen meiner Rückkehr aus Indonesien und dem Aussendungssonntag lagen, war klar und klarer geworden, dass Gott mich in Indonesien haben wollte. Ende 1968 fand eine Silvesterfreizeit beim WEC in Vockenhausen statt. Auf Dr. Marthe Ropps Drängen, „dass ich unbedingt dabei sein sollte", und dass sie auch vorhabe zu kommen, meldete ich mich schließlich an. Zunächst war mir alles unbekannt. Aber die Schlichtheit des Hauses, die Herzlichkeit und Unkompliziertheit der Mitarbeiter und Teilnehmer ließen mich nicht lange fremd sein. Missionsnachrichten, gerade auch aus Indonesien, von wo der Hauptredner kam, Gebet für Indonesien und die weltweite Mission, all dies hinterließ einen tiefen Eindruck in mir.

Die Arbeit in Basel ging weiter wie zuvor. Oder doch nicht? Irgendwie hatte ich mich verändert. Es kam langsam so, wie der Leiter der Bibelschule auf dem Bienenberg, Samuel Gerber, vorausgesehen hatte. Er hatte mir mitgeteilt, dass das Bibelschulkomitee, dem auch der Agape-Verlag unterstand, meiner Bitte zugestimmt und mir einen zweimonatigen unbezahlten Urlaub für meine Reise nach Indonesien gewährt habe. Sein Schlusssatz war: „Du darfst also gehen. Es kann aber sein, dass du nach deiner Reise nicht mehr die Gleiche sein wirst. Du wirst vielleicht nicht mehr lange im Agape-Verlag arbeiten wollen."

Wir zogen Bilanz. Die Agape-Serie, unser Hauptwerk, war fast abgeschlossen. Sie bestand aus zehn Kursen für zehntägige Kinderbibelfreizeiten, an denen Kinder von fünf bis vierzehn Jahren teilnehmen konnten; wir hatten auch Arbeitshefte für jeden Kurs entwickelt, die die Kinder anspornten, aktiv mitzumachen. Die Flugsamen-Serie, ein Sonntagsschulmaterial für 3- bis 5-Jährige, war ebenfalls abgeschlossen. Weitere Verlagspläne bestanden nicht. Mein wöchentlicher Unterricht in der Bibelschule auf dem Bienenberg hatte mir viel Freude gemacht, weil es wieder um Kinder und Bücher ging. Ich hatte die Fächer Kinderarbeit und christliche Literatur unterrichtet. Aber dafür ließen sich sicher andere Lehrer finden. Meine Wurzeln begannen sich zu lockern.

Ich hörte, dass zwei meiner guten Bekannten, zehn Jahre jünger als ich, sich vorbereiteten auf einen Missionseinsatz in Indonesien. Eine wollte als Krankenschwester, die andere als Ärztin in das Krankenhaus in Taju in Mitteljawa gehen, das ich auf meiner Reise besucht und in dem ich Dr. Marthe Ropp kennengelernt hatte. Während eines Besuches in Backnang machte ich einen ausgedehnten Spaziergang mit Ingrid Neufeld, der Krankenschwester. Sie erzählte mir, wie schwer ihr Entschluss ihrer Mutter fiel und dass sie noch nicht bereit sei, ihre Tochter gehen zu lassen. Als ich meiner Mutter von diesem Gespräch erzählte, sagte sie ganz spontan: „Bei mir wäre das anders. Wenn eine von meinen Kindern in die Mission gehen wollte, würde ich mich sehr freuen.“ Mutters Reaktion war für mich eine große Erleichterung. Ich hatte ihr noch nichts erzählt von dem, was ich in meinem Herzen bewegte. Nun wusste ich, Mutter würde mich ziehen lassen und sich über meine Berufung freuen!

In Mutters Herzen hatte die Mission schon lange einen weiten Raum durch die langjährige Verbindung unserer Familie mit dem 1920 gegründeten Missionsbund „Licht im Osten“. Sie hatte ihren Plan, sich in Kinderarbeit ausbilden zu lassen, aufgegeben, um den Platz einer dringend benötigten russisch sprechenden Sekretärin auszufüllen. Mein Vater war vierzig Jahre lang Sekretär in dieser auf Russland ausgerichteten Mission gewesen. Nach seinem unerwarteten Heimgang wurde Mutter gebeten, in der russischen Abteilung der Mission bei Übersetzungen zu helfen. Sie übernahm auch die Leitung eines Missionsgebetskreises des Deutschen Frauenmissionsgebetsbunds in Korntal. Dadurch weitete sich ihr Blick über Russland hinaus für die Weltmission.

Im Herbst 1970 begann ich meine Kandidatenzeit beim WEC in Vockenhausen. Ich empfand eine große Erleichterung. Die verschiedenen Aufgaben, die ich fünfzehn Jahre lang in Basel und von Basel aus wahrgenommen hatte, in die ich richtig verstrickt gewesen war, hatten andere geordnet übernommen. Es war auch gelungen, dass der Brunnen-Verlag in Basel das Gesamtwerk des Agape-Verlages übernahm mit der Auflage, es noch zehn Jahre lang zu verwalten. Ich war frei für einen neuen Weg.

Gleich nach meiner Annahme als Missionarin durfte ich mein Visum für Indonesien einreichen. Dann kam die Frage nach dem Termin der Aussendungsfeier. Es war die Regel, dass das Visum für das Land, in das eine Missionarin ausreisen wollte, vorliegen müsse, ehe der Termin für die Aussendungsfeier festgelegt werden würde. Denn es war vorgekommen, dass jemand ausgesandt worden war und dann nicht ausreisen konnte, weil das Visum verweigert wurde. Wir hatten den Sonntag Rogate vorgeschlagen, obwohl noch keine Nachricht vom Konsulat eingetroffen war. Es brauchte einiges, bis die Missionsleitung zustimmte, gewissermaßen im Glauben! (Ein Telefonanruf am Montag nach Rogate bestätigte, dass mein Visum tatsächlich schon am Samstag vorgelegen hätte, aber das Konsulat geschlossen war. Deshalb wurde mir der Bescheid erst am Montag zugeleitet.)

Meine Aussendungsfeier fand in Korntal statt, wo Mutter, meine Schwester und mein Bruder mit seiner Familie wohnten. Ich war 1947 als Fünfzehnjährige nach Korntal gekommen und hatte mich als Oberschülerin in der Brüdergemeinde heimisch gefühlt. 1956 war auch der Missionsbund „Licht im Osten" dorthin übergesiedelt. Dass die Aussendungsfeier in Korntal, im Großen Saal der Brüdergemeinde, stattfinden durfte, war eine besondere Freude für mich. Vertreter der Mennonitengemeinde Regensburg, der Leiter der Bibelschule auf dem Bienenberg sowie Vertreterinnen des Deutschen Frauenmissionsgebetsbundes, die mich als Patenmissionarin angenommen hatten, waren anwesend. Eine ganze Reihe von Grußworten wurden vor dem eigentlichen Aussendegebet gebracht. An einige erinnere ich mich noch deutlich.

Willi Wiedemann, Prediger in Regensburg, führte das Wort aus Jeremia 48,11 an, um zu zeigen, wie wichtig es ist, für neue Aufgaben bereit zu sein und sich dadurch verändern zu lassen: *Moab ist von seiner Jugend an ungestört gewesen und auf seinen Hefen still gelegen und ist nie aus einem Fass ins andere gegossen worden; darum ist sein Geschmack ihm geblieben und sein Geruch nicht verändert worden.*

Ruth Läufer, deren zukünftige Mitarbeiterin ich werden würde, brachte eine kurze Ausführung zu Psalm 126,5–6: *Die mit Tränen säen, werden mit Freuden ernten. Sie gehen hin und weinen und tragen edlen Samen, und kommen mit Freuden und bringen ihre Garben.*

Henning Herrmann, der damalige Leiter des deutschen WEC, gab mir als Geleitwort Epheser 2,10 mit auf den Weg: *Wir sind sein Werk, geschaffen in Christus Jesus zu guten Werken, welche er zuvor bereitet hat, dass wir darin wandeln sollen.*

Die Tische im Gemeinderaum, in dem wir Kaffee trinken wollten, hatte Mutter mit vielen Frühlingsblumen geschmückt. Sie hatte es sich nicht nehmen lassen, diesen ganzen Tag allein auszurichten und zu bestreiten, als sei es mein Hochzeitstag. Allerdings hatte sie nur mit den auswärtigen Gästen gerechnet. Als mein Bruder in der Abkündigung *alle* Anwesenden herzlich zum Kaffeetrinken einlud, betete ich in meinem Herzen, dass ein Speisungswunder geschehen möge. Meine Schwester lief zum Bäcker und kaufte noch eine Reihe Hefezöpfe. Sie blieben alle übrig. Es hatte gereicht.

Als erstes stürmten die Kinder in den Saal und an die Kaffeetische. Es war ihnen wichtig gewesen, an dieser Aussendungsfeier dabei zu sein, denn wir hatten in den Kinderfreizeiten oft für Missionare gebetet. Dann gingen sie spielen und wir Erwachsenen waren unter uns. Ich musste auch schon Abschied nehmen von meinen Freunden, denn kurz danach reiste ich aus.

Am Abend, als alles vorüber war, saß ich noch eine Weile ganz still mit Mutter zusammen. Ich werde nie vergessen, wie sie sagte: „Viele haben dir heute wichtige Worte mit auf den Weg gegeben. Ich möchte dir auch noch ein Wort sagen: *Freuet euch nicht darüber, dass euch die Geister untertan sind, freuet euch aber darüber, dass eure Namen im Himmel geschrieben sind*" (Lukas 10,20).

Die ersten vierzig Jahre meines Lebens waren im April 1971 abgelaufen, im Mai begann ich die nächsten vierzig Jahre, ohne zu wissen, dass es noch einmal so viele werden würden. Ich nahm Mutters Wort als kostbares Vermächtnis mit in den neuen Lebensabschnitt. Jesus hat dieses Wort seinen zweiundsiebzig Jüngern gesagt, die er ausgesandt hatte, und die nun mit begeisterten Berichten von ihrer ersten Missionsreise zurückkamen. Jesus bestätigte ihnen, was sie bezeugten: *Ich sah den Satan vom Himmel fallen wie einen Blitz. Seht, ich habe euch Macht gegeben, zu treten auf Schlangen und Skorpione, und Macht über alle Gewalt des Feindes; und nichts wird euch schaden. Aber darüber freuet euch nicht, dass euch die Geister untertan sind. Freut euch aber, dass eure Namen im Himmel geschrieben sind.*

Jesus spricht hier als Realist, obwohl auch sein Herz sich im Heiligen Geist freute über das, was sein himmlischer

Vater in und durch seine Jünger ausrichtete (die folgenden Verse). Aber Jesus weiß, dass es gefährlich werden kann, wenn unsere Freude in dem besteht, was uns für Gott gelungen ist. Wenn meine Freude zuallererst darin besteht, dass mein Name im Himmel geschrieben ist, komme ich in meiner Arbeit für Gott zur Ruhe. Ich kann sie in Jesu Namen tun und darf sie dann vergessen, ohne mich zu rühmen. Gott vergisst sie nicht. Ich glaube, das war es, was Mutter mir am Abend meiner Aussendung nach Indonesien sagen wollte.

Ich höre es zusammen mit den letzten Worten, die Vater kurz vor seinem Sterben wiederholte: „Nichts hab ich zu bringen, alles, Herr, bist du."

Mutter hat bis in ihr hohes Alter hinein als treue Beterin hinter mir gestanden. Sie hat auch meine Rundbriefe versandt, bis mein Bruder ihr dies abnahm, als sie 89 Jahre alt war. Drei Jahre später durfte sie im Frieden heimgehen.

14 Der Acker ist die Welt

BATU, INDONESIEN, 1983

Ein schwerer Tag lag hinter uns, der letzte Tag einer Konferenz, die so gut begonnen hatte. Schweigend und verwirrt saßen wir auf unseren Betten und versuchten zu verstehen.

Zwölf Jahre hatte ich nun in der Kinder- und Jugendabteilung mitgearbeitet, die Ruth Läufer gegründet hatte unter dem Dach der Indonesischen Missionsgemeinschaft. Ich war inzwischen ganz „eingemeindet". Die Kultur wurde mir immer vertrauter, die indonesische Sprache so geläufig, dass ich zusammen mit anderen die Lektionen für das Kindermaterial flüssig und kreativ entwerfen und schreiben konnte. Dazu hatte unsere Abteilung ein Gelände höher in den Bergen erworben und es zu einem Freizeit- und Konferenzzentrum ausgebaut. 1980 war das zunächst letzte und größte Gebäude fertig geworden. Im unteren Geschoss befanden sich Schlafräume, im Obergeschoss ein großer Saal, der als Speisesaal und auch als Unterrichtssaal benutzt werden konnte. Das Haus erhielt den Namen *Zarfat*, weil wir dadurch an die Witwe von Zarfat erinnern wollten (2. Könige 17,7–16), die während einer Hungersnot auf wunderbare Weise immer wieder genug Nahrung bekam, um sich, ihren Sohn und den Propheten Elia durchzubringen. Wir vertrauten Gott, dass auch in unserem Gästehaus der Ölkrug nie versiegen und das Mehl im Topf nie zur Neige gehen würde.

Die Einweihung dieses Hauses hatten wir mit einer Dankfeier verbunden, weil alle Bücher und Anschauungsmaterialien für ein acht Jahre langes Unterrichten in Sonntagsschulen in ihrer ersten Überarbeitung und teilweisen Neugestaltung gerade fertig geworden waren.

So groß war unsere Freude und Dankbarkeit, dass wir eine Woche lang feierten nach dem Vorbild des biblischen Laubhüttenfestes, das in Israel nach dem Einbringen der Jahresernte begangen wird. Im Laufe der Festwoche kampierten die Teenager unserer Gemeinschaft zwei Tage lang auf dem Gelände, dann waren die Kinder dran, die auch übernachten durften. Zum letzten Tag waren alle Familien mit Kindern eingeladen. Die Leute in der Küche kochten eine Festmahlzeit für sie, die im Freien serviert wurde, ehe das Nachmittagsprogramm begann.

Und nun hatte es einen unerwarteten Riss in unserer Gemeinschaft gegeben, in der indonesische und ausländische Missionare wie eine große Familie zusammen gelebt und gearbeitet hatten. Besonders nach der Erweckung im Frühjahr 1967 hatten sich durch den Dienst von Lehrern und Bibelschülern aus Batu im weiten Inselreich Kirchen verschiedenster Denominationen geöffnet, die die biblische Botschaft der Erweckung bereitwillig aufnahmen. Von nah und fern waren Leiter und Gemeindeglieder dieser Kirchen zu der jährlich stattfindenden mehrtägigen Glaubenskonferenz nach Batu gekommen und geistlich erfrischt in ihre Kirchen zurückgekehrt. Auch wir von der

Kinder- und Jugendabteilung wurden eingeladen, Schulungskurse für Kinderarbeit bei ihnen zu halten und luden unsererseits zu zwölftägigen Schulungskursen in unser oberhalb von Batu gelegenes Konferenzzentrum ein.

Der Riss war sichtbar geworden, als der Leiter der Missionsgemeinschaft am Ende der Konferenz bekanntgab, dass eine neue Gemeinde in Jakarta entstanden sei, die nun direkt von Batu aus betreut werden würde. Weitere Gemeinden seien im Entstehen begriffen. Dies war kein gemeinsamer Beschluss gewesen, deshalb der Schock. Wir ausländischen Missionare sahen voraus, dass dies Spaltung bringen würde. Batu würde sich von einem interdenominationellen Missionswerk zu einer Gemeinde gründenden Organisation entwickeln. Viele Kirchen, zu denen wir freien Eingang gehabt und mit denen wir gute Gemeinschaft gepflegt hatten, würden nun ihre Türen schließen, um keine Schafe zu verlieren. Die meisten indonesischen Geschwister freuten sich jedoch über die neue Gemeinde in Jakarta, weil sie nun auch Gemeindebau beginnen konnten.

Lange saßen Ruth und ich ratlos in unserem Zimmer und wussten nicht, was wir sagen sollten. Als wir beteten, gab der Herr Ruth ein Wort aus Offenbarung 3,8: *Siehe, ich habe vor dir eine Tür aufgetan und niemand kann sie zuschließen; denn du hast eine kleine Kraft und hast mein Wort bewahrt und hast meinen Namen nicht verleugnet.* Es war wie eine Weiterführung einer anderen Verheißung, die sie in schwerer Krankheitszeit elf Jahre zuvor empfangen hatte: „Mit weißen Haaren werden deine Füße auf Chinas Boden stehen."

Die Gegenwart Gottes tröstete uns und wir gingen zur Ruhe. Als ich am nächsten Morgen aufwachte, war ein kurzes klares Wort für mich da: *Der Acker ist die Welt.* Ich wusste zunächst nicht einmal, wo ich dieses Wort suchen sollte. Schließlich fand ich es in Matthäus 13,38. Um den Zusammenhang zu verstehen, las ich nach, wie Jesus seinen Jüngern das Gleichnis vom Unkraut unter dem Weizen auslegt: *Der Menschensohn ist es, der den guten Samen sät. Der Acker ist die Welt. Der gute Same sind die Kinder des Reichs. Das Unkraut sind die Kinder des Bösen. Der Feind, der es sät, ist der Teufel. Die Ernte ist das Ende der Welt.*

Ich bewegte das Wort in meinem Herzen, aber ich habe viele Jahre nicht gewusst, was es für mein Leben und meine Arbeit bedeuten sollte. Erst zwanzig Jahre später begann es sich zu entfalten und zu erfüllen.

Hongkong 2003. Das Kindermaterial, das wir in Indonesien erarbeitet, gelehrt und zweimal überarbeitet hatten, war inzwischen ins Englische und in Mandarin übertragen worden. Dabei hatten wir es zum vierten Mal gründlich revidiert. Die Gemeinden auf dem Festland hatten nun etwas in Händen, das ihnen half, ihren Kindern das Wort Gottes kreativ weiterzusagen. Gutes Bildmaterial war beigefügt als Ergänzung zum gesprochenen Wort. Die Zeit war auch dort nicht stehen geblieben. Das passive Stillsitzen, Zuhören und Auswendiglernen als einzige Lehrmethode alten Stils zog nicht mehr.

Und dann, auf einmal, wurde die englische Fassung der *Creative Bible Lessons* (Kreative Bibellektionen) auch von Kirchen und Gemeinschaften in anderen asiatischen Ländern entdeckt. Wir erhielten eine Einladung von der

Presbyterianischen Hauptkirche in Honiara auf den Salomon-Inseln. Der Pastor suchte dringend nach neuem Sonntagsschulmaterial und hatte das von uns Herausgegebene in Neuseeland auf einer Tagung gesehen. Nach zwei Jahren, nachdem dort ein kurzer, aber heftiger Bürgerkrieg zu Ende gegangen war, konnten wir im Februar 2003 in Honiara zu dritt einen Einführungskurs geben, Malcolm und Ellen Noble und ich. Tagsüber nahmen siebzig Teilnehmer daran teil. Am Abend kamen etwa noch einmal so viele, die tagsüber arbeiten mussten, um den Inhalt des Kurses, wenn auch stark verkürzt, mitzubekommen.

Als gleiches Team gaben wir einen ähnlichen Einführungskurs auf der Insel Cebu in den Philippinen. Eine Hilfsorganisation, die sich besonders der Straßenkinder und verwahrloster Jugendlicher annahm, hatte uns eingeladen und lud dann auch Kinderarbeiter aus verschiedenen anderen Kirchen zu unserem Grundkurs ein. Kathrin Wöhrle, die bald darauf unsere Nachfolgerin in Hongkong wurde, unterstützte uns sehr, weil sie mit den Gegebenheiten dort vertraut war.

Auch von den Fiji-Inseln kam eine warme Einladung. Wieder waren wir zu dritt. An drei verschiedenen Orten auf der Insel Suwa konnten wir Einführungswochen geben und unser Kindermaterial vorstellen. Der Höhepunkt für mich in all diesen Schulungen war die gemeinsame Vorbereitung von Kinderstunden, zu denen wir dann Kinder verschiedener Altersstufen einluden. Die Teilnehmer beobachteten aus dem Hintergrund, wie wach sie das Wort Gottes aufnahmen, eifrig mitmachten bei allem, was wir geplant hatten, auch wenn sie aktive Mitarbeit aus ihrem bisherigen traditionellen Sonntagsschulprogramm nicht gewohnt waren. Das überzeugte die Teilnehmer des Kurses und wir besprachen ihre Beobachtungen, nachdem die Kinder nach Hause gegangen waren.

Überraschend war für uns eine Einladung von der Synode der Episkopalkirchen in Ghana, Westafrika. Auch hier ging es um das englische Material, wir brauchten keine Übersetzer. In Accra auf dem Flughafen lasen wir den Slogan: *Ghana, the Gateway to Africa* (Ghana, das Tor zu Afrika). Würden diesem ersten Seminar weitere Schulungen auf dem schwarzen Kontinent folgen? Wir wussten es nicht, denn nicht wir waren die Planer. Auf meinem Schreibtisch steht ein Bleistifthalter mit der kühnen Aufschrift: *Ghana, the Land of Gold.* Wir schrieben nach unserem Aufenthalt dort an die Leiter, die uns eingeladen hatten: *Your children are the true gold of Ghana* (eure Kinder sind das wahre Gold Ghanas).

Auf einer der umliegenden Inseln Hongkongs, in Cheung Chau, hatten wir für fünf Jahre eine Wohnung gemietet, wo wir ruhig schreiben konnten. Dort konnten wir eine sehr intensive Schulungswoche für leitende Vertreter der Kinderarbeit aus Vietnam und Bangladesch halten, ehe sie mit der Übersetzung der *Creative Bible Lessons* in die Sprache ihrer Länder begannen. Später haben wir auch in Vietnam und Bangladesh Schulungskurse abgehalten.

Dann baten weitere Länder um die Rechte zur Übersetzung: Pakistan, Ägypten, Kambodscha und Malaysia. In jedem dieser Länder sind wir gewesen und haben ihnen geholfen, das Material kennenzulernen und zu unterrichten, vor allem auch die Herstellung des Anschauungsmaterials einzuüben.

Indien ist einer der völkerreichsten Staaten der Welt und spricht viele Sprachen. Das Eingangstor zu Indien wurde der kleine Staat Nagaland im Nordosten, nahe der Grenze zu Myanmar. Dreimal waren wir dort zu Schulungsseminaren. Es ist der einzige christliche Staat Indiens mit 87,5 % Christen. Auch fünf andere indische Staaten haben wir besucht und dort unterrichtet. Eine beginnende Übersetzung des Kindermaterials in Hindi läuft zurzeit. Es sieht so aus, als ob bald andere Übersetzungen dazukommen könnten, die das in Südostasien entstandene Material anderen Sprachgruppen zugänglich machen würden.

Eine Einladung nach Kenia liegt vor.

Ich brauche heute nicht mehr zu fragen, was Gott meinte, als er mir an einem Morgen des Jahres 1983 in Indonesien das Wort gab: *Der Acker ist die Welt*.

11 Freue dich am Prozess!

BATU, INDONESIEN, 1987

Es war ganz still in meinem kleinen Büro, das zugleich mein Schlafzimmer war. Eine tiefe Entmutigung war über mich gekommen. Sie hing zusammen mit der kürzlich durchgeführten Bestandsaufnahme unseres Sonntagsschulmaterials, die gezeigt hatte, dass wir uns noch einmal an eine gründliche Überarbeitung machen sollten. Wenn wir aktuell bleiben wollten in der Kinderarbeit, konnten wir uns dem nicht entziehen. Ein nicht datiertes Curriculum lebt davon, dass es alle zehn Jahre überarbeitet wird. Diese Aufgabe lag wie ein Berg vor mir nach sechzehn Jahren unermüdlichen Schreibens. Das Schlimmste waren die drängenden Endtermine. Wir waren Druckern und Verbrauchern immer nur gerade eine Nasenlänge voraus. Ich sah nicht mehr über den Berg.

Im Grund lagen reiche Jahre hinter uns. Gezielt hatten wir 1972 die Altersstufen der Kinder ins Auge gefasst und die Themen und Inhalte aller Bücher der Bibel, die in Geschichtenform geschrieben waren, auf acht Jahre verteilt mit möglichst wenig Wiederholungen. Im Entwerfen und Schreiben der Lektionen hatte uns das Wort Gottes immer aufs Neue erfrischt und genährt. Wir waren, allein oder mit verteilten Rollen, über Berg und Tal gewandert: Vom Paradies in Eden nach Babel, von Ur nach Kanaan, von dort nach Ägypten und durch die Wüste zurück in das Gelobte Land nach Kanaan. Wir hatten Könige, Priester und Propheten begleitet und ihnen zugehört. Mit der Mittelstufe blieben wir mit Daniel in der Verbannung in Babylon und verfolgten später die Geschicke Esthers, die Königin im Palast des Perserkönigs in Susa wurde, und nach Gottes Willen ihr jüdisches Volk vor dem Untergang retten durfte. Die älteren Kinder kehrten mit Nehemia, dem Mundschenk des Perserkönigs, aus der Verbannung zurück nach Jerusalem und erlebten, wie unter seiner Leitung die zerfallenen Stadtmauern wieder aufgebaut wurden. Im letzten Jahr gingen sie mit Paulus auf seine Missionsreisen. Ein Reichtum an Material!

Weitere Höhepunkte, die das routinemäßige Entwerfen und Schreiben von Lektionen unterbrochen hatten, waren Wochen gewesen, in denen wir uns mit einem größeren Kreis zu gemeinsamer Beratung trafen. Auf eine besinne ich mich noch sehr deutlich. Im Sommer 1977 hatten wir Verantwortliche, die in ihren Gebieten mit dem Sonntagsschulmaterial arbeiteten, zu einer Planungskonferenz eingeladen. Sie kamen aus Toraja in Südsulawesi, aus Südsumatra und Kalimantan. Zusammen machten wir in zehn Tagen einen Plan für die nächsten vier Jahre, der so hilfreich war, dass 1981 das gesamte Curriculum vorlag. Also war der nächste Termin zur Herausgabe der nächsten Überarbeitung 1991!

Nun war es mir irgendwie zuviel geworden, trotz mancher Hilfe, die uns von Zeichnern und Mitschreibern zufloss. Ich sah nach vorne, bis wann das Pensum geschafft sein musste. Aber sobald ich versuchte, mich an einen starren Zeitplan zu halten, stagnierte der schöpferische Prozess und das Leben wich aus den Lektionen. Übrigens müssen mich diese Sorge um das rechtzeitige Fertigwerden, die mich jagenden Endtermine, schon früher begleitet haben. Denn ich finde Aufzeichnungen von einem sehr schönen Weihnachtsfest, das ich 1975 in Banjarmasin verlebte. Gute Bekannte, die das Kindermaterial in den Kirchen Kalimantans eingeführt hatte, hatten mich eingeladen, Weihnachten und Neujahr bei ihnen zu verleben. In dieser Woche sagte meine Bekannte einmal zu mir: „Du sollst dich nicht sorgen. Für deine Arbeit in Indonesien trägt Gott die Verantwortung. Es ist seine Arbeit."

Schön und gut, aber ich musste trotzdem die Manuskripte in der vorgegebenen Zeit fertig haben! Und dann, ganz überraschend, hörte ich einen klaren kurzen Satz: „Enjoy the process." Kein Trost, keine Zusage göttlicher Hilfe, sondern eine Anweisung von dem dreieinigen Schöpfergott, dessen Geist in mir wohnte. Er, der die Welten geschaffen hat in Gelassenheit und Ordnung, der in einer Ewigkeit lebte, die keine Grenzen und keine Zeitsorgen kannte, hatte ganz kreativ in meine Resignation hineingesprochen. „Enjoy the process! Freue dich am Prozess!"

Aber wie sah das nun praktisch aus? Es begann wohl mit dem Rat, den meine Bekannte mir vor zehn Jahren gegeben hatte, den ich aber nicht immer gut befolgt hatte: Mich nicht zu sorgen, meine Arbeit in Gottes Verantwortung zu übergeben. Aber sich am Prozess zu freuen war mehr. Ich verstand langsam, dass es bedeutete, nicht zu sehr nach vorne zu sehen und einfach fertig werden zu wollen, sondern sich ganz und gar in den Stoff hineinzugeben, der gerade dran war. Es galt, das Zusammenfließen aller Elemente, die eine gute Lektion ausmachen, mit Freude zustande kommen zu lassen und sich dann daran zu freuen, wie Gott sich an seiner Schöpfung freute. Ich konnte entspannen, und es ging besser.

Danach geschahen nacheinander drei Dinge, die ohne Frage von Gott eingeplant waren, um mir zu einem schnelleren und fröhlicheren Vorankommen zu helfen.

Im Sommer schloss sich an unsere Jahreskonferenz eine WEC-Konferenz mit Missionaren aus Südostasien an. Eine Missionarin, die in Thailand arbeitete und während der Missionskonferenz im Sekretariat die Verantwortung gehabt hatte, blieb anschließend noch einige Tage bei uns in Junggo, um auszuspannen. Wir hatten sie auf einer unteren Terrasse in einer der kleinen Hütten einquartiert, wo sie ungestört war. Eines Morgens sprach ich mit ihr über meinen Arbeitsdruck und sie sagte ganz einfach: „Dafür kann man beten." Durch dieses Gebet gewann ich soviel Kraft, dass ich vierzehn Tage lang mühelos am Entwerfen und Schreiben von Lektionen bleiben konnte, ohne die geringste Müdigkeit zu empfinden. Ich weiß heute noch eine ganz besondere Lektion, die damals kreativ entstand und die in den kommenden Jahren immer wieder Freude gemacht hat. Es war, als sei „der Stecken des Treibers" zerbrochen worden und ich frei geworden, ohne dass die Arbeitslast geringer geworden wäre.

Das zweite war, dass ich meinen ersten Computer bekam. Als Ruth und ich 1985 sechs Monate in den USA waren, um die letzten Forderungen für die Erlangung eines MARS (Master of Arts in Religious Studies) zu erwerben, hatten wir als Studiengruppe an der Vorführung eines Computers teilgenommen. Ich war völlig überwältigt von diesem technischen Wunder. Und dann merkte ich auf einmal, wie meine Sicht rechts und links nicht mehr funktionierte und ich nur noch geradeaus sehen konnte. Zum Glück hatten wir über das Phänomen „Tunnelblick“ in unserem Psychologieunterricht gesprochen und ich erinnerte mich, dass es von einer Überladung des Gehirns verursacht wird. Ganz still zog ich mich in ein leeres Klassenzimmer zurück und blieb dort sitzen, ohne jemandem etwas zu sagen. Nach einer halben Stunde erweiterte sich der Gesichtskreis wieder und meine Sicht wurde normal. Das war ein Schock. Und Ruth und ich dachten beide: „Ein Glück, dass wir schon über das Alter hinaus sind und nicht mehr mit Computern arbeiten müssen.“ Drei Jahre waren seitdem vergangen.

Eines Tages sah einer unserer amerikanischen Freunde in meine „Schreibwerkstatt“ herein und sah, wie ich Sonntagsschullektionen edierte, indem ich, anstatt die Seiten und Paragraphen, die ich ändern wollte, neu zu schreiben, sie mit neu geschriebenem und ausgeschnittenen Text überklebte.

„Machst du das immer so?“, fragte sie mich erstaunt. „Das ist aber eine zeitraubende Methode, heute, wo es schon Computer gibt.“

„Ich kann mir aber keinen Computer leisten“, sagte ich schnell.

„Aber wenn wir in der internationalen Gemeinschaft in Malang unser Opfer zusammenlegen und dir helfen, einen Computer zu kaufen?“

Ich überlegte. Ich hatte ja gesehen, wie schnell Paragraphen im Computer gelöscht und neu geschrieben werden können. Das war verlockend. Aber würde ich es je lernen, mit einem Computer umzugehen? Der Schock in USA war mir noch gut in Erinnerung. Dann sagte ich zu. Wenn das Geld für einen Computer zusammenkäme...

In drei Monaten war es soweit. Mit dem Geld in der Tasche reiste ich mit einem Gast, der bei uns seine Ferien verbracht hatte, nach Salatiga. Er hatte mich eingeladen, in seiner Familie einzukehren. Er wollte selbst mit mir nach Yogyakarta fahren, um beim Computerkauf dabei zu sein. Wir konnten erst am übernächsten Tag nach Yogya fahren. Mein Gastgeber fand es gut, mir einiges an seinem Computer zu zeigen und mich dann üben zu lassen, damit ich mich an meinem später besser zurechtfinden würde. Ich lernte und übte – und in der Nacht darauf tat ich kein Auge zu! Mein System war vollkommen überladen. Diesmal gab ich nicht auf. Am nächsten Morgen saß ich wieder am Computer, bis wir nach Yogya aufbrechen mussten. Dort hatte der Direktor der Indonesischen Luftfahrtgesellschaft Garuda gerade seinen ersten Computer gegen einen neuen eingetauscht. Der Gebrauchte war zum Verkauf zu haben, und ich erhielt ihn zu einem heruntergesetzten Preis. Mein Geld reichte, und den Drucker dazu erwarb ich mir selbst.

Dreiundzwanzig Jahre arbeite ich nun mit dem Computer als meinem besten Schreibhelfer. Nach einer Zeit des Einlernens machte er die Schreibarbeit zu einem Genuss. Es ging schneller, ich empfand meinen Computer als kommunikativ, kein Vergleich mehr mit meiner Schreibmaschine! Das Investment meiner Freunde in Malang trug reiche Zinsen.

Das dritte war die Hilfe von Ruth beim Lesen und Edieren unserer letzten Überarbeitung, die dann in Mandarin übertragen wurde. Wir hatten eine Wohnung auf der Insel Cheung Chau gemietet, wo wir uns aus der Geschäftigkeit Hongkongs zum ungestörten Arbeiten zurückziehen konnten. Zum ersten Mal konnte Ruth sich Zeit nehmen, jede der 416 Lektionen einzeln zu lesen und sie mit zu verantworten, ehe wir sie zur Übersetzung weitergaben. Mit geübten Augen entdeckte sie sehr schnell die Schwachstellen und ich konnte dann manches noch ausfeilen.

„Enjoy the process!" war die Anweisung gewesen. Gott wusste, dass noch viele Jahre des Schreibens vor mir lagen, als er das sagte. Dazu wurde die Zeit immer schnelllebiger. Und obwohl es noch manche Engpässe zu überwinden gab, fiel ich nie mehr in die Mutlosigkeit zurück, aus der mich der kurze Satz herausgeführt hatte.

In unserem Wohnzimmer im Betreuten Wohnen in Haus Mamre haben Ruths und mein Computer ihren festen Platz. Sie bringen die Nachrichten aus der Welt zu uns und erlauben es uns, in alle Welt zu senden. Mit Hilfe unseres Computers können wir auch immer noch in Hongkong mitarbeiten. Das macht uns Freude und bringt viel Abwechslung. Wir leben wirklich in einer höchst interessanten Zeit!

16 Schilt dich selber nicht!

SINGAPUR, 1989

Singapur ist eine moderne, schöne Stadt an der Südspitze von Malaysia liegend, ein eigenständiger Stadt-Staat. Ich kannte den Flughafen als einen der schönsten Flughäfen, in denen ich je gelandet war. Man fühlte sich erfrischt durch seine vielen Orchideen und konnte an einem Teich ausruhen, in den ein kleiner Fluss mündet und in dem sich Goldfische tummeln. In diesem Flughafen einige Stunden auf den nächsten Flug warten zu müssen, war für mich nie langweilig.

Aber die Stadt als solche war mir noch fremd. Ich lernte sie jedoch besser kennen, als Ruth und ich 1989 immer wieder einmal nach Singapur fliegen mussten und nach einem kurzen Besuch mit einem Touristenvisum nach Indonesien zurückflogen. Unser indonesisches Visum war nicht mehr verlängert worden, aber unsere Arbeit dort brauchte noch einen Abschluss. So lernte ich Singapur kennen im Abstand von jeweils zwei Monaten, Februar, April, Juni...

Während meines ersten Besuches in Singapur wollte ich etwas in der Stadt besorgen. Ich ließ mir den Weg beschreiben und merkte mir die Nummer des Busses, der mich in den Stadtteil bringen würde, wo das Geschäft lag. Dann machte ich mich auf den Weg. Die Haltestelle war nicht schwer zu finden und als der Bus kam, stieg ich ein. Wir fuhren und fuhren ... Wie war doch die dreistellige Nummer des Busses gewesen? Hatte ich sie richtig gelesen? Allmählich wuchsen meine Zweifel und ich stieg aus. Aufs Geratewohl ging ich in ein Geschäft und bat einen Verkäufer um Auskunft. Ob er mir sagen könnte, wo ich mich befände und wie ich von hier in meinen Stadtteil käme. Er sah mir meine Verwirrung wohl an. „Sie haben den falschen Bus genommen“, sagte er. „Nun sind sie so weit weg von ihrem Ziel, dass ich ihnen nicht erklären kann, wie sie von hier dort hinkommen können. Sie würden sich nur wieder verirren. Nehmen Sie ein Taxi, zeigen Sie dem Fahrer ihre Adresse, er bringt Sie sicher dorthin.“ Damit war für ihn die Angelegenheit erledigt, für mich aber nicht. Ich hatte nicht genug Geld, um ein Taxi für eine anscheinend recht weite Strecke zahlen zu können. Das wollte ich ihm aber nicht sagen und verließ den Laden so unsicher, wie ich gekommen war. Einen anderen Vorübergehenden um Wegweisung zu bitten, hatte ich keinen Mut.

Als ich so verloren auf dem Gehweg stand, hätte ich mich ohrfeigen können. „Ich Esel!“ – „Ungeschickt lässt grüßen!“ Warum hatte ich die Busnummer nicht genauer beachtet? So etwas war mir schon öfter passiert. Ich beobachtete Dinge auf meinem Weg, die andere übersahen, und dabei übersah ich Wegzeichen, die ich hätte beachten müssen. Das war eine meiner schwachen Seiten, die Richtung zu verlieren. Was nun?

In der Nähe lag die Kathedrale St. Andrew. Wie von selbst ging ich auf die Kirche zu. Durch einen Nebeneingang kam ich in verschiedene Vorräume. Menschen waren da, aber ich wollte niemanden sehen. Durch eine weitere Tür gelangte ich ins Innere der Kirche und setzte mich in eine Bank in der Nähe des Altars, ohne zu wissen, was ich als Nächstes tun würde.

Da, in der Stille des Kirchenschiffes von St. Andrew, begann Gott zu mir zu sprechen. Es waren nur zwei einfache Sätze, die ich in meinem Inneren klar verstand: „Schilt dich selber nicht. Ich kann dich immer wieder zurückbringen, wo du auch bist." Ich saß ganz still, überwältigt von Gottes Verständnis für mich und meine Lage. Er wusste, wo ich war. Er versprach, mich an mein Ziel zu bringen, wie immer das auch aussehen würde. Und er ermahnte mich, mich selber nicht zu schelten, das war ein sanfter, aber fester Befehl. Ich konnte ihn nur anbeten und diese Sätze ganz tief in mich aufnehmen. Dann stand ich entschlossen auf und verließ die Kirche. Ich ging durch den Friedhof, auf dem ein Friedhofswärter das Laub von den Wegen fegte, auf das gegenüberliegende Tor zu. Ich fragte ihn, wo der nächste U-Bahnhof sei. Er zeigte auf ein Gebäude, das dem Ausgangstor genau gegenüberlag. Ich ging hinüber, sah den Namen meines Zielortes angezeigt, kaufte eine Karte und stieg ein. Nach längerer Fahrt stieg ich an der richtigen Haltestelle aus, fand mein Geschäft und fand auch ohne Mühe den Weg zurück zu meinen Gastgebern.

Mein Besuch in St. Andrew wurde für mich der Anfang einer neuen Haltung mir selbst gegenüber und zu einem tieferen Vertrauen zu Gott. Nur zwei Sätze – aber was haben sie bewirkt. Als erstes ging mir auf, wie oft ich mich in Gedanken selbst beschuldigte und schalt, wenn wieder einmal etwas Dummes passiert war. Ich bestrafte mich damit, aber es änderte sich nicht viel, ich wurde nur verkrampfter und schämte mich im Stillen wegen meines Ungeschicks, zum Beispiel einen Weg zu finden, den doch alle anderen mühelos fanden. Ich verachtete den Hang zu träumen und den Mangel an Aufmerksamkeit dem gegenüber, was um mich herum vorging. In dieser Haltung wurde ich nur unsicherer, weil ich in mir selbst nicht mehr eins war, sondern gewissermaßen in zwei Teile zerfiel: den einen, der einfach so war, wie er war, und den anderen, der ihn schalt.

Gott hatte ganz einfach zu mir gesagt: „Schilt dich selbst nicht mehr." Und an Ort und Stelle beschloss ich, mir das nicht mehr anzutun, mich nicht mehr mit verächtlichen Namen zu belegen, einerlei, wie die Situation auch sei. Dieser Beschluss hat mir gut getan; dabei bin ich bis heute geblieben. Wenn Gott bereit war, mir zu helfen, wo immer ich war – „Ich kann dich immer wieder zurückbringen" –; wenn er, der mir verbot, mich selber zu schelten, mich auch nicht schalt, dann konnte aller Krampf aufhören. Ich brauchte nicht mehr anders sein zu wollen, als ich war. Es weckte in mir die Entschlossenheit, jetzt wirklich genauer auf Anweisungen zu achten und mich auf die eine Sache zu konzentrieren, die gerade dran war. Ich wurde zuversichtlicher und lernte, nicht nur meine starken Seiten, sondern auch meine schwachen Seiten anzunehmen. Ich scheute mich nicht mehr, um Auskunft zu bitten, wenn es sein musste. Und dabei merkte ich, dass es viel mehr Menschen gibt, die bereit sind, Auskunft zu geben, als solche, die sich belästigt fühlen. Wer ist nicht froh, mehr zu wissen als der andere? Manchmal ergaben sich daraus freundliche Kontakte zu Straßenpassanten. Die Schwierigkeit später in Hongkong war nur, dass manche, die man fragte, es auch nicht besser wussten. Aber um nicht das Gesicht zu verlieren, gaben sie irgendeine Richtung an, die nicht stimmte. Dafür waren wir in Asien, und ich lernte es bald zu unterscheiden.

Gott, der so groß, so unendlich groß und erhaben ist, übersieht seine Kinder nicht, die sich auf der Erde abmühen, die Stolzen nicht und auch nicht die Verzagten. Er neigt sich tief zu ihnen herab und erreicht sie, wo sie gerade sind, mich eingeschlossen. Das erfuhr ich in St. Andrew, und das habe ich nie mehr vergessen.

17 Es kann jedem passieren!

JERUSALEM, 1989

Die Familie sammelt sich um den Tisch fürs Mittagessen. Ein Tablett wird hereingetragen. Auf einmal ein Schreckensschrei! Eine Schüssel gleitet aus der Hand und landet samt Inhalt auf dem Boden. Große Verlegenheit bei der Köchin, die das Gericht servieren wollte. „Es kann jedem passieren", sage ich ganz ruhig. Aufatmen, lachen, alles wird aufgewischt, und es ist noch genug übrig geblieben zum Essen.

Das war dein Satz, David, den du mir geschenkt hast, damals in Jerusalem. Vielleicht weißt du das gar nicht mehr. Aber ich möchte dir nun erzählen, wie und warum ich damals zu euch kam. Du warst acht Jahre alt, ein kleiner Junge mit hellen Haaren und einem liebevollen, aufmerksamem Herzen, dazu einem Blick für die Verlegenheit anderer. Wie oft hat dein Satz mir geholfen, andere zu entlasten, denen ein Missgeschick passierte. Danke, David! Heute musst du etwa dreißig Jahre alt sein. Als Vierzehnjähriger richteten dir Eltern und Gemeinde deine „Bar Mizwah"-Feier aus und du wurdest ein „Sohn des Gesetzes" nach jüdischer Tradition. Als junger Erwachsener leistetest du den Militärdienst in der israelischen Armee. Auch das liegt

Jahre zurück. Dann hörte ich nichts mehr von dir. Aber ich erinnere mich an den August 1989, als ich bei euch zu Gast in Gilo war. Der Weg zu euch war lang: Ein Tag als Tourist in Kairo und ein Nachtflug nach Tel Aviv, ein Tag voll Frustration in Jerusalem, und am dritten Tag fand ich euch...

Kairo

Es war ein langer Tag gewesen, so als Tourist Kairo zu besichtigen. Ich befand mich auf dem Heimweg von Indonesien über Singapur nach Deutschland. Ägypten und Israel waren gewissermaßen eine Brücke zwischen Asien und Europa. Kairo eigentlich nur notgedrungen. Es gab damals keine Flüge von Singapur direkt nach Israel ohne Zwischenlandung in Kairo. Dort war ich frühmorgens eingetroffen und mein Flug nach Tel Aviv ging erst spät abends.

Nach unserer Landung waren wir Flugpassagiere eine Weile in einen Warteraum gebracht worden und später in ein Fremdenbüro, wo uns allerhand Angebote gemacht wurden, wie wir unseren Tag in Kairo gut verbringen konnten. Das Ägyptische Nationalmuseum war ein Muss. Es barg ungeahnte Schätze. Die Zeit war viel zu knapp bemessen und die Tourleiter hatten Mühe, uns aus dem Museum hinauszubekommen! Dann ging es weiter zu den Grabkammern in den Pyramiden, Kamelritte wurden angeboten und immer wieder landeten wir in Läden und Fabriken, die uns nach der Führung ihre Produkte anboten.

Nach der Vormittagstour ließ ich mich überreden, auch am Nachmittag noch einmal als Einzeltourist mit einem älteren Taxifahrer und seinem Begleiter aufzubrechen unter der Bedingung, dass keine Fabrikbesichtigungen auf dem Programm stünden. Meine Barschaft ging zur Neige. Ich bezahlte die Tour und die Männer hielten Wort. Sie zeigten mir manches Sehenswürdige, auch eine orthodoxe Kirche.

Dann, am Spätnachmittag, sagte der Fahrer. „Ich habe Hunger." Sein Freund stimmte ihm kräftig bei. „Ich bin nicht hungrig", gab ich zurück. Ich hatte schnell ausgerechnet, was ein volles Abendessen für drei kosten würde, und vor mir lag noch eine Woche in Israel. Nachdem auch eine zweite Anmahnung, dass man wirklich sehr hungrig sei, mich nicht bewogen hatte, in einem Restaurant einzukehren, geschah etwas sehr Schönes. Die Männer hielten etwas außerhalb der Stadt an. Sie bedeuteten mir, im Schatten eines Baumes zu warten und kamen bald mit leckeren Zutaten zu einem arabischen Abendessen zurück, alles in Zeitungspapier eingewickelt. Da waren Zwiebeln und Lauch, Oliven, flaches Brot, Schafskäse und andere Köstlichkeiten. Ich hatte inzwischen Getränke an einer Bude besorgt. Wie alte Freunde teilten wir diese einfache Mahlzeit unter dem Baum im Schein der untergehenden Sonne. Vielleicht hatten die Männer verstanden, dass ich keine reiche Touristin war und übernahmen nun ihrerseits die Rolle des Gastgebers. Später setzten sie mich am Flughafen ab.

Die nächsten Stunden waren voller Spannung. Zuerst wurde meine Einladung von deinem Vater, David, von den israelischen Flughafenangestellten bezweifelt. Elhanan ben Avraham sei ein jüdischer Name, er könne kein Christ sein. Da sei sicher etwas faul. Die nächste Frage war, ob mein Gepäck während des Tages unbeaufsichtigt geblieben wäre. Ich musste den Koffer bis auf den Grund auspacken und nachsehen, ob niemand etwas Verdächtiges hineingeschmuggelt hatte. Und als ich alles wieder eingepackt hatte, hieß es: „Schauen sie lieber noch einmal gründlich nach. Es geht um ihre, nicht um unsere Sicherheit.“ Neben mir wurde der Haarföhn eines anderen Reisenden ganz auseinandergenommen. Wir waren froh, nach dieser Prozedur endlich in einen abgelegenen Warteraum gebracht zu werden, von wo aus wir kurz vor Mitternacht in großer Eile in eine EL-AL-Maschine verfrachtet wurden, die augenblicklich aufstieg Richtung Tel Aviv.

Während des Fluges hatte ich Zeit, noch einmal über das Anliegen nachzudenken, das mich nach Jerusalem bringen sollte. Wir hatten bei deinem Vater, der uns als namhafter christlicher Zeichner vorgestellt worden war, Bilder für unsere alttestamentlichen Bibellektionen in Auftrag gegeben. Auf einem dieser Bilder sah man König David tanzend der Bundeslade vorausgehen, die in das Gotteszelt nach Jerusalem gebracht werden sollte. Aber die Bundeslade befand sich auf einem Wagen, von Ochsen gezogen. Dein Vater hatte uns eine Skizze zur Begutachtung nach Indonesien geschickt, und wir hatten unsere Zustimmung zur Ausführung gegeben. Erst als das fertige Bild bei uns eintraf, bemerkten wir den großen Fehler. Die Bundeslade musste auf Stangen getragen und nicht auf einem Wagen gefahren werden (2. Mose 25,14). Dies wollte ich nun mit deinem Vater besprechen, denn das Bild musste neu gemalt werden. Ich wollte ihm vorschlagen, die Kosten für ein neues Bild zu teilen, weil der Fehler auf beiden Seiten lag.

Jerusalem

Nach einer Nacht in einem Hotel in Tel Aviv durfte ich mein schweres Gepäck dort einlagern. Dann stieg ich in einen Bus nach Jerusalem ein. Es war an einem Freitag. Es ist schwer, die Gefühle zu beschreiben, die ich empfand, als ich nach einer Wegbiegung eure Stadt, von der wir in einem Lied singen „Jerusalem, du hochgebaute Stadt“ zum erstenmal sah. Aber es blieb alles ganz irdisch und wurde wieder spannend. Freunde, bei denen ich absteigen wollte, hatten mir am Morgen telefonisch bedeutet, sie würden noch am selben Tag nach Holland aufbrechen und könnten mich leider nicht aufnehmen. Ein Taxifahrer, den ich bat, mich in eine jüdische Herberge zu fahren, weigerte sich, weil gleich der Sabbat anbräche. Er könnte mich nur in den arabischen Teil Jerusalems bringen, aber dort wollte ich nicht hin. So fand ich mich recht ratlos an einer Bushaltestelle, an der er mich abgesetzt hatte. Irgendwie gelangte ich endlich an die Tür eines kleinen Hotels. Ich klingelte. Oben an der Treppe stand der Besitzer, fertig angezogen, um in die Synagoge zu gehen. Aber er zeigte mir noch mein Zimmer für die Nacht. Wieder auf der Straße suchte ich ein Telefon und meldete mich für den kommenden Tag bei euch an. Von deinem Vater erfuhr ich, dass euer Haus in einem Vorort in Jerusalem läge, in Gilo, und er beschrieb mir, wie ich dahin käme. Dann machte ich noch einen Abendspaziergang in Richtung Altstadt, ganz allein und schweigend. Die Mauern lagen im Abendsonnenschein vor mir, als ein langgezogener Hornklang die Stille durchbrach. Der Sabbat hatte begonnen!

Gilo

Am nächsten Morgen – als einziger Gast, der so früh aufgestanden war – erwartete mich ein überreich gedeckter

Tisch im Speiseraum. Die Augen gingen mir über! Und mittags saß ich dann bei euch am Mittagstisch. Als Achtjähriger durftest du den Sederkelch schon mittrinken, der vor Beginn der Mahlzeit herumgereicht wurde, während deine kleine vierjährige Schwester mit großen Augen zusah. Ihr hattet mich aufgenommen wie eine alte Bekannte und ich durfte mich ganz frei umsehen. Ihr zeigtet mir auch die Terrasse vor eurer Wohnungstür im ersten Stock. „Dort schlagen wir im Oktober unsere Laubhütte auf", erklärtest du mir stolz. Am Abend nahmt ihr mich mit zu einem Gottesdienst eurer messianischen Gemeinde.

Als am nächsten Morgen unsere geschäftliche Besprechung wegen des verunglückten Bildes zu einem guten Ende gekommen war, beschloss dein Vater, mit mir und euch Kindern in die Stadt zu fahren. Unter anderem sollte ein kostbares Bild gerahmt werden. Das Glas dazu packte deine Mutter sorgfältig in Zeitungspapier ein und verschnürte es. „Ich will es tragen", betteltest du. „Nein, David, du bist zu klein, du machst es kaputt", sagte sie zu dir. „Lass Anni es tragen, damit das Glas heil ankommt."

Wir fuhren los in eurem Auto, du und deine Schwester saßt auf den hinteren Sitzen, ich vorne neben deinem Vater, das in Zeitungspapier verschnürte Paket mit dem Glas in meinen Händen. Auf einer Höhe in der Nähe der Innenstadt hielt dein Vater an einem Aussichtspunkt an, von wo aus man die Stadt Jerusalem und den Tempelberg mit seiner goldenen Kuppe bewundern konnte. Ihr erklärtet mir vieles, es war ein ganz wichtiger Moment für mich. Dann gingen wir zum Auto zurück. Ob ich noch nicht ganz in die Gegenwart zurückgekehrt war, ich weiß es nicht, und ich weiß bis heute nicht, wie es geschah. Als ich mich auf meinen Sitz fallen ließ, hörte ich es unter mir krachen und splittern. Ich hatte mich auf das Glas gesetzt. Voll Schrecken und sehr verlegen betrachtete ich das Unglück. Einen Moment blieb es ganz still im Auto. Dann drehte ich mich zu dir um und sagte: „David, deine Mutter wollte dich das Glas nicht tragen lassen, weil sie Angst hatte, du würdest es zerbrechen. Und nun habe ich es kaputt gemacht!“

Da sagtest du ganz ruhig deinen weisen Satz: „Es kann jedem passieren.“ Nur das und nicht mehr. Keine Schadenfreude, kein: „Siehst du, Papa, mir habt ihr es nicht zugetraut! Jetzt hat sie das Glas kaputt gemacht.“ Nur dein ruhiges und mitfühlendes: „Es kann jedem passieren!“ Wie recht du hattest! Ihr alle saht, wie leid es mir tat. Niemand machte mir einen Vorwurf. Ich atmete tief auf. Ja, es hätte jedem passieren können!

Danke, David.

18 Ich gebe mir selbst einen freien Tag!

BEIJING, 1990

Wenn wir am Morgen die weite baumbestandene Allee von unserem Internationalen Studentenheim zum Unterrichtsgebäude der chinesischen Sprachuniversität eilten, war schnell zu sehen, dass Ruth und ich zu den ältesten Studierenden gehörten. Unsere weißen Haare verrieten uns, wenn auch unsere Schritte und unser Lerneifer es mit den Jüngeren unbedingt aufnehmen konnten. Unser junger hochmotivierter Sprachlehrer hatte uns am ersten Unterrichtstag bedenklich angesehen. Als wir zur Mittagszeit zur Kantine hinübergingen, hatte er sein Rad neben uns hergeschoben und uns mit seinem stark akzentuierten Englisch ermahnt: „Ihr müsst sehr fleißig lernen, wenn ihr mitkommen wollt!" Das war uns selber klar. Aber er fügte hinzu: „Ich werde von Zeit zu Zeit kommen, um zu sehen wie es euch geht, um euch zu helfen!" Echt chinesisch, andere im Lernen zu fördern! Da wir unsere Zimmertür nie abschlossen, im Gegensatz zu den anderen Studenten, konnte er jederzeit bei uns hereinschauen. Mit schnellem Blick umfasste er unser Zimmer. „Das ist falsch", sagte er, indem er auf ein Plakat deutete, das Ruth sich über das Bett gehängt hatte, um die schweren chinesischen Zeichen zu wiederholen. Er zeigte auf einen Fehler und schrieb uns das Wort richtig vor. Aber sonst war er zufrieden, uns zu jeder Zeit an unseren Schreibtischen zu sehen, in unsere chinesischen Lektionen vertieft. Am Ende unseres viermonatigen Kurzkurses bescheinigte er uns, dass wir keine Nebenabsichten gehabt hatten, als wir uns in der Beijinger Sprachuniversität eingetragen hatten, wie er vielleicht vermutet hatte. „Ihr seid wirklich gekommen, um zu lernen." Ein hohes Lob!

Aber die chinesische Sprache zu lernen, war wirklich ein schweres Unternehmen, noch dazu in unserem Alter. Ich war gewarnt worden von anderen, die es vor mir unternommen hatten. „Die ersten acht Wochen sind die schwersten. Aber gebt nicht auf. Nachher wird euch die Sprache geläufiger und ihr werdet schnell Fortschritte machen." Genau so war es. Es gab ja nicht nur neue Worte zu lernen, was schwierig genug gewesen wäre. Jedes Wort hatte sein eigenes Zeichen und auch seinen eigenen Ton. Also lernte man drei Dinge auf einmal. Und wenn man es sich leichter machen wollte wie unser argentinischer Freund, der meinte: „Ich lerne erst die Worte, später lerne ich dann den Ton dazu", dann war man übel dran. Das versuchten wir gar nicht erst. Es war auch das erste Mal, dass wir morgens zum Unterricht erscheinen mussten, und die Lektion, die an dem Tag dran war, schon vorgelernt haben mussten. Wenn man das nicht hatte, blieb man hoffnungslos stecken. Es wurde ganz einfach erwartet.

So saßen wir also jeden Tag vier Morgenstunden in einem stressigen Unterricht und verbrachten den ganzen Nachmittag und Abend mit Sprache lernen, zehn und manchmal sogar zwölf Stunden am Tag. Nur der Sonntag war eine Ausnahme. Wir hielten ihn „heilig", das heißt abgesondert von den anderen Wochentagen, und zwar im Sinn des Schöpfungsberichtes: „Da ward aus Abend und Morgen ein neuer Tag.“ Am Samstag packten wir nach Einbruch der Dämmerung unsere Bücher und Hefte weg. Wir ließen das Abendessen ausfallen und nahmen uns Zeit, um uns auf den Sonntag vorzubereiten. Auch für Anbetung und Fürbitte war Zeit an diesem letzten Abend der Woche. Sonntagvormittag nahmen wir immer am Gottesdienst der internationalen Gemeinschaft teil, zu der keine Chinesen zugelassen waren. Nachmittags ruhten wir aus. Am Sonntagabend nach dem Abendessen begann die neue Arbeitswoche. Wir holten unsere Bücher und Hefte hervor, um uns auf die Unterrichtsstunden am Montagmorgen vorzubereiten.

Unser Lernpensum war aber nicht zu schaffen, ohne dass uns andere Sprachhelfer beistanden und mit uns übten. In den ersten schwierigen Wochen kam Leon aus Benin, Westafrika, zu uns. Er konnte so gut chinesisch sprechen, dass man am Telefon nicht hören konnte, dass er kein Chinese war. Aber seine tiefschwarze Haut verriet den Afrikaner. Manchen Nachmittag lang saß er zwischen Ruth und mir auf einem unserer Betten und las mit uns und verbesserte geduldig unsere Aussprache. Am Ende dieser Nachhilfestunden beteten wir dann zusammen für die Gruppe von französischsprechenden Afrikanern am Sprachinstitut. Leon hatte sie unter seine Fittiche genommen und half ihnen, sich im chinesischen Studienbetrieb zurechtzufinden, in dem fremden Land und der so fremden Kultur, in der es „so und nicht anders“ zuging. Er sprach mit ihnen auch über Gott und beantwortete ihre Fragen. Die meisten kamen aus kommunistisch regierten Ländern, wie Leons

Land Benin es gewesen war, bevor ein Christ an die Regierung kam.

Eine andere Sprachhelferin, die uns bis zum Schluss treu blieb, war Ji Lan. Sie arbeitete am Forschungsinstitut für Chemie und hatte nur am Samstagnachmittag frei. Da war sie regelmäßig bei uns, um uns beim Sprachelernen zu helfen und mit uns hinterher Gemeinschaft zu haben. Denn auch sie hatte durch ihren Kontakt mit ausländischen Studenten Gott kennengelernt und ihr Leben war verändert worden. Besonders vor den Prüfungen, die von Zeit zu Zeit abgehalten wurden, ließ sie uns keine Ruhe. Am Abend vor einer solchen Prüfung kam sie manchmal noch angeradelt, und dann wurde gedrillt und gedrillt, bis wir nach ihrer Ansicht so gut vorbereitet waren, wie es sich für eine chinesische Prüfung gehörte. Erst dann war sie bereit, sich an einigen Erfrischungen zu erfreuen, ehe sie nach Hause zurück radelte. Vielleicht war es Ji Lan, die uns den Kontakt zu Hua Mei verschafft hatte.

Hua Mei kam einmal in der Woche zu uns, am Mittwochnachmittag. Sie war ein junges frisches Mädchen, das in einer Fabrik arbeitete. Schon frühmorgens musste sie sich an ihrem Arbeitsplatz melden. In einer kurz bemessenen Pause gab es eine einfache Dampfnudel ohne irgendwelche Beilage und heißes Wasser, nicht einmal Tee, ehe es weiterging in der Produktion. Der begabten Hua Mei brachte die Arbeit keinen Ansporn, aber damals wurden junge Mädchen nicht viel gefragt nach ihren Berufswünschen. So war es ein recht grauer Alltag für sie ohne einen erfrischenden Sonntag. Der Sonntag als freier Tag wurde erst einige Jahre später für ganz China eingeführt. In einem war Hua Mei wie Ji Lan. Sie rührte keine Erfrischung an, ehe sie nicht ihre Sprachstunde mit uns abgeschlossen hatte. Erst dann aß und trank sie mit Freuden, was wir vorbereitet hatten.

Eines Tages fragten wir Hua Mei, wie sie es denn anstellte, dass sie jeden Mittwochnachmittag frei bekäme. Da sagte sie fröhlich: „I give myself a holiday" (ich gebe mir selbst einen freien Tag). Vielleicht blieb sie der Arbeit einfach fern, und natürlich wurden die Stunden ihr am Lohn abgezogen. Aber das war ihr einerlei, und außerdem bezahlten wir ihr etwas. Dies war ihr Nachmittag, an dem sie tun wollte, was ihr Freude machte, und das war, unsere Lehrerin zu sein!

Mir blieb dieser fröhliche Satz unserer jungen Lehrerin im Gedächtnis hängen, auch nachdem wir jede Spur von ihr verloren hatten. Hua Mei hatte den Mut gehabt, jede Woche einmal aus ihrem grauen Fabrikalltag auszubrechen und, wenn ihr niemand sonst einen Ferientag gewährte, sich selbst einen solchen zu nehmen.

Und heute? Auch im Gleichmaß des Betreuten Wohnens, das noch manche Stunden am Computer enthält, sehnen wir uns plötzlich nach einer kurzen Auszeit, in der einmal alles anders laufen darf als sonst. Natürlich haben wir den Sonntag, den Hua Mei nicht hatte, den von Gott geschenkten Ruhetag, beglückender als jeder Wochentag. Aber auch während der Woche planen wir ab und zu einen Nachmittag, an dem wir Gäste einladen, oder einen längeren Spaziergang machen, oder einen Einkaufsbummel in eine umliegende Stadt. Wir tun einfach etwas, das uns und anderen Freude macht und Abwechslung bringt.

Auf dem Fenstersims in unserem Wohnzimmer steht eine kleine Porzellanfigur, die wir aus China mitgebracht haben: Ein altes Ehepaar spielt hingegeben Mahjong, das bekannte chinesische Brettspiel. Ich höre noch das Klappern der Steine, wenn wir in einem Park in Hongkong in der Nähe von Spielern vorübergingen. Sie vergessen sich und ihre Welt! Jeden Samstag nehme ich diese Figur zum Abstauben in meine Hände. Das alte Ehepaar sagt das gleiche zu mir, das Hua Mei sagte: *„We give ourselves a holiday!“* Und ich nicke ihnen zu, während ich sie für eine weitere Woche zurück aufs Fenstersims stelle: „Ihr habt recht!“

19 Aber es ist noch kein Gefängnis

HONGKONG, 1994

Nach zweimaligen Kurzkursen in chinesischer Sprache in Beijing und mancherlei Rundreisen zwischen Indonesien, Hongkong und Deutschland hatten wir uns endlich in Hongkong niedergelassen. Wir konnten die Wohnung einer Bekannten im Stadtteil Wanchai mieten, in der Nähe des Victoriahafens. Dort wohnten wir zusammen mit einer indonesischen Kollegin, die sich wie wir in Richtung China gerufen wusste. Sie eröffnete ein Reisebüro, das zunächst ganz bescheiden in unserer gemeinsamen Wohnung begann. Auf der Straße unter einer Überdachung fanden wir einen Schreibtisch aus Metall, den jemand dort abgestellt hatte. Er passte genau in den engen Raum, 1,80 x 2,5 Meter, der ihr erstes Büro war.

Aber wir, was sollten Ruth und ich machen? Warum waren wir in Hongkong? Wir wussten es nicht. Wir waren Gottes klarem Wink gefolgt und hatten uns durch Sprachkurse in Beijing in die chinesische Kultur eingearbeitet. Aber in Hongkong wurde nicht Mandarin, sondern Kantonesisch gesprochen und so konnten wir unsere Sprachkenntnisse dort nicht entwickeln. Das indonesische Kindermaterial, das wir in achtzehn Jahren erarbeitet hatten, lag unbenutzt in einem Fach, das der Konstrukteur der Wohnung unter der Decke angebracht hatte, um Platz zu sparen. „Out of reach – unerreichbar!“ Ein Versuch, es zum Übersetzen ins Englische anzubieten, war fehlgeschlagen.

Ruth erinnert sich, dass es ein Jahr brauchte, bis sie sich wirklich in Hongkong eingelebt hatte. Die grauen, eng aneinander gereihten Hochhäuser schienen sie nach 26 Jahren in der grünen, tropischen Inselwelt Indonesiens fast zu erdrücken. Bei mir gelang die Umstellung schneller. Aber auch ich erinnere mich an einen Nachmittag, an dem ich auf dem Flughafen wartete, um einen Gast abzuholen. Rechts und links sprachen die Leute eine Sprache, die ich nicht verstand und ich fragte mich: „Was tue ich eigentlich in dieser Stadt?“

Wir fanden dann einen Einstieg, indem wir uns in Zeitungsannoncen als Deutsch-Lehrer anboten. Erwachsene und einige Jugendliche meldeten sich nach und nach und empfahlen uns weiter. Meistens übten wir Konversation. Diese Stunden halfen uns, die Kultur und das Familienleben Hongkongs besser zu verstehen und unsere Stadt in ihrer Andersartigkeit zu China zu entdecken.

Das Tempo in Hongkong war sehr hoch. Ich habe später einmal versucht, meinen Büroweg in dieser überbevölkerten Stadt zu beschreiben. Diese Schilderung entstand, als wir schon ein kleines Büro außerhalb unserer Wohnung eröffnet hatten. Wir müssen wissen, dass ganz früh die alten Leute auf den Straßen spazierengehen und, wenn ein Park oder wenigstens ein grüner Baum in der Nähe ist, ihre Atemübungen machen. Dann kehren sie für den ganzen Tag in ihre engen Wohnungen in einem der Hochhäuser zurück, um den Haushalt zu führen und vor allem die Mahlzeiten zuzubereiten. Nach ihnen bevölkern die Kinder die Straßen in ihren schmucken Schuluniformen, unterwegs in ihre Klassen. Kurz vor 9 Uhr strömen dann die Büroangestellten an ihre Arbeitsplätze. Zu ihnen gehörten auch wir.

Büroweg am Morgen

Aus der Haustür falle ich auf die Autobahn.
Scharfe Wendung nach links,
schon bin ich im schnellen Strom der
Karosserien aus Fleisch und Blut:
Seide reibt Jeans reibt T-Shirt.
Gepäck nicht innen verstaut,
sondern außen hängend mitgeführt:
Aktentaschen, Rucksäcke, Plastiktüten.
Au! Das war die Flasche in ihrem Einkaufsbeutel!
Der harte Schlag hinterlässt einen blauen Fleck!

Ich höre die Stimme – unhörbar – die alles regelt:
„Nicht nach unten sehn, meine Dame,
der Hundedreck ist schon weggeräumt
oder von tausend Füßen weitergetragen,
und die niedrigen scharfkantigen Eisenkarren
fahren – meistens – geschickt aus dem Weg,
ehe Sie darüber fallen.
Lassen Sie ruhig im zwanzigsten Stockwerk
die Wäsche im Wind wehen!
Sehen Sie geradeaus, konzentriert auf die Mitfahrer,

rechts, links und vorne,
und natürlich auf den Gegenverkehr.
Stehenbleiben gibt's auch nicht,
Sie sind ein Verkehrshindernis!"

Die Ampel ist rot!
Zusammengerückt warten die Schnellen,
die Schnelleren und die Schnellsten.
Sie holen tief Atem, und...
„Es ist grün, meine Dame!
Den Zeitungsartikel können Sie später weiterlesen.
Und warum halten Sie Ihren Kurs nicht ein?
Jedes Schwanken nach links oder rechts verwirrt den Gegenverkehr.
Slalomfahren ist nur beim Überholen erlaubt:
Linke Schulter nach vorn, rechte nach hinten schieben Sie sich voran,
andere Mitfahrer höflich zurücklassend."

Achtung, ein Geisterfahrer!
Mit überhöhter Geschwindigkeit,
starr auf den haltenden Bus fixiert, schießt er durch alle Lücken
des in beide Richtungen rollenden Verkehrs.

Und jetzt...
„Was fällt Ihnen ein, so unvermittelt nach rechts abzubiegen?
Der Eingang zu Ihrem Büro?
Konnten Sie nicht ein Handzeichen geben,
ehe der hinter Ihnen Fahrende
Auf Sie auffuhr?"

Was mir am schwersten fiel, war unsere Wohnungssituation. Wir kamen ja aus der sonnigen Weiträumigkeit Indonesiens und empfanden die Wohnung als bedrückend eng. Nur in den Schlafzimmern hatten wir Tageslicht. Im mittleren Wohnraum brannte auch am Tag elektrisches Licht. Eine größere Wohnung konnten wir uns aber nicht leisten. Hongkong lag damals mit seinen Wohnungspreisen gleich hinter Tokio, der teuersten Stadt der Welt. Ruth und ich teilten ein Schlafzimmer, 1,80 x 2,50 Meter groß, mit Doppelstockbett. Es gab noch zwei Schlafzimmer in ähnlicher Größe, eins für unsere indonesische Kollegin und eins hatten wir als Gästezimmer reserviert. Dazu kam das winzige Reisebüro, 1,80 x 1,20 Meter, und ein Wohnraum, 3 x 5 Meter groß. Die angebaute Verandaküche hatte die gleiche Größe. In diesen Räumen lebten und arbeiteten wir. Die Fenster waren nicht abgedichtet, sodass der große Verkehrslärm auch im vierten Stock noch laut in unsere Wohnung drang. Unser Schlafzimmerfenster hatte dazu vom letzten Taifun einen Riss in der Scheibe. Das nervte ungemein.

Wenn wir unsere Deutschstunden gaben, mussten sich evtl. Besucher für eine Stunde in ihr Zimmer zurückziehen oder spazieren gehen. Die andern beiden, unsere Kollegin in ihrem Reisebüro und Ruth oder ich, wer gerade nicht unterrichtete, mussten sich still beschäftigen, entweder in dem winzigen Reisebüro, oder an dem Schreibtisch, den wir im Wohnzimmer neben der Küchentür aufgestellt hatten, oder in einem der Schlafzimmer.

Eines Tages war es dann soweit, dass ich zu Gott sagte: „Ich halte es nicht mehr aus, hier in dieser Wohnung drehe ich durch.“ Da bekam ich eine ruhige, unmissverständliche, völlig unerwartete Antwort: *Aber es ist noch kein Gefängnis!*

Ich hielt einen Augenblick den Atem an und dachte nach. Dann kam eine große Ruhe über mich, eine echte Entspannung. Und ich konnte von ganzem Herzen antworten: „Ja, Herr, du hast recht. Dies ist noch kein Gefängnis! Dies ist unsere liebe Wohnung, die du für uns bestimmt hast. Du musst mir nun helfen, in ihr zu leben, ohne so genervt zu sein."

Gottes Hinweis änderte alles für mich. Ich sah unsere Wohnung mit neuen Augen an. Als ich sie später mit anderen Wohnungen verglich, schnitt sie sogar noch gut ab. 1996, kurz vor der Übernahme Hongkongs durch China, konnte *Brücke der Freundschaft* diese kleine Wohnung käuflich erwerben und renovieren. Als die Fenster abgedichtet waren, fiel ein großer Stressfaktor weg und wir kamen von der Straße wie in eine stille Oase. Außerdem hatten wir bis dahin zwei kleine Büros außerhalb unserer Wohnung angemietet. Daheim gab es nun keine Computer mehr und wir nahmen keine Arbeit mit nach Hause. So wurde es entspannter und gemütlicher.

Leider mussten wir zwei Jahre später unsere große Verandaküche abreißen, weil sie als „illegale Struktur" entdeckt wurde, vom früheren Besitzer auf dem Dach einer Wohnung im dritten Stock aufgebaut. Im Verlauf dieser Veränderung wurde auch unser kleinstes Zimmer, das nach Auszug des Reisebüros Gästezimmer geworden war, abgerissen. Denn schließlich brauchten wir ja eine Kochnische, wenn sie auch nur 1,80 Meter lang und 1,5 Meter breit war. Aber auch das überstanden wir. Und wenn Gäste kamen, konnte man noch auf der breiten Ausziehcouch im Wohnzimmer schlafen. Hongkong ist Hongkong, und wir waren in diese Stadt gerufen, um dort und von dort aus zu wirken. Es brauchte das „Ja“ zu der Führung Gottes, der wusste, was er tat und mir liebevoll klar machte, dass er uns nicht zuviel zumutete. Er hielt seine bewahrende Hand über uns und die Wohnung – bis heute. Nein, sie ist kein Gefängnis!

20 Sag es mir

HONGKONG, 1996

Da war es wieder. Ich hatte etwas versucht zu erzählen, hatte dabei aber zu weit ausgeholt, um Zusammenhänge klar zu machen. Nun merkte ich, wie mein Gegenüber nicht mehr richtig bei der Sache war. Ein leichter Zug von Ungeduld, etwas, was wichtiger war, verlangte Beachtung. Ich war nicht fertig geworden mit dem, was ich sagen wollte.

War ich zu umständlich? Und warum? Warum konnte ich Dinge nicht kürzer zusammenfassen? Manchmal versuchte ich es, aber es gelang nicht recht. Dinge, die ich erlebte und beobachtet hatte, waren miteinander verknüpft, so empfand ich es. Indem ich sie anderen mitteilte, klärten sie sich in mir. Aber die Zeit reichte oft nicht. Der Gedankenreichtum in einem so arbeitsintensiven, räumlich gedrängten Leben verlangte nach Klärung. Aber der Wunsch nach einem gesammelten Austausch war immer größer, als Zeit da war. Ich begann wieder mit Selbstgesprächen, blieb darin aber allein.

Im Büro war der Tag ausgefüllt, ganz klar, *no problem,* wie es heute so schön heißt. Wir arbeiteten alle gern und das

Entstehen neuer Manuskripte, Reiseplanungen, Korrespondenz mit dem Verleger und der Druckerei, Austausch mit allen möglichen Leuten und Ländern regte an, brachte aber auch neue Fragen, die zum Besprechen drängten.

Auf der Straße während des Hin- und Rückwegs ins Büro, wo wir zehn Minuten Zeit gehabt hätten zum Austausch, war es oft viel zu laut, um einander zu verstehen. Außerdem: kaum war ein Satz begonnen, mussten wir wieder wie Ameisen hintereinander gehen statt nebeneinander, weil der Gegenverkehr auf dem Gehweg zu stark war und alle es eilig hatten. Zudem hatten wir auf unserem kurzen Büroweg vier Ampeln zu passieren und das gab wieder Unterbrechungen.

Im Haus? Manchmal gab es eine ruhige Stunde, aber dann klingelte das Telefon und unterbrach uns; wenn der Angerufene nicht mit dem Schnurtelefon in sein Schlafzimmer verschwand, bekamen wir in dem kleinen Wohnzimmer das Gespräch mit. Da blieb dann nur noch die Zeitung zu lesen.

Der Sonntag war ruhiger. Am Nachmittag unternahmen wir manchmal einen kleinen Ausflug. Nach einer Anfahrt mit der Straßenbahn oder dem Bus kamen wir aus der Großstadt in ruhigere Gegenden. Dort konnte man im Grünen wandern. Aber man konnte nicht immer auf den Sonntag warten. Wohin mit allem, was mich bewegte? Manchmal half das Schreiben ins Tagebuch, in dem ich Gedanken festhalten und entwickeln konnte.

Ging es den anderen denn nicht so? Hatten sie nicht auch etwas, was sie einmal in größerer Ruhe mitteilen wollten? Es schien, dass es ihnen gelang, sich kürzer zu fassen.

Eine Frage, eine Antwort, ein Eindruck, nebenbei mitgeteilt, eine kurze Erwiderung, Hongkong-Stil. Ich versuchte es, mich daran zu gewöhnen. Manchmal gelang es und manchmal nicht. Dann blieb wieder das Gefühl, dass niemand genug Zeit hatte zuzuhören.

Da, an einem Morgen, kurz vor dem Aufbruch ins Büro, war eine ruhige Stimme in mir, die freundlich sagte: „Sage es mir. Ich habe immer Zeit, dir zuzuhören.“ Ich war im ersten Moment ganz überrascht von diesem Angebot, das so direkt, so ganz konkret in das hineinkam, was mir Mühe machte. Ganz ehrlich, daran hatte ich noch nicht gedacht, wenigstens nicht so real, so ganz praktisch. Gott, mein Schöpfer, als Gesprächspartner! Ich hatte zu ihm gebetet, und hatte ihm im Gebet Dinge anvertraut, ganz klar. Aber so mitten am Tag, mitten im Verkehr, beim Überqueren der Straße, wenn die Ampel grün war, auf einem einsamen Spazierweg am Abend durch die immer noch erhellten, aber leerer gewordenen Straßen …

„Ich habe immer Zeit.“ Ja, das war sicher so. Denn Gott stand ja außerhalb von Raum und Zeit; ihm liefen die Stunden nicht weg wie uns. Andrerseits regierte er das Weltall, lenkte das Geschehen in tausend Ländern und achtete auf Milliarden von Menschen aller Rassen und Hautfarben, Große und Kleine, Arme und Reiche, Stolze und ganz Hilflose, denen er bereitwillig Engel zur Verfügung stellte, deren Berichte er dann vor seinem Thron entgegennahm. Sich nun vorzustellen, dass Gott genug Zeit hatte, nicht nur mich zu hören, sondern mir zuzuhören, ja geradezu darauf zu warten schien, was ich mit ihm besprechen wollte, wenn ich das richtig aus dem Satz herausgehört hatte … Unglaublich! Unfassbar! Ich erinnerte mich an einen Satz von Augustinus, der auch staunend ausruft: „Auf alle meine Wege und Schritte achtest du, als habest du die ganze Welt vergessen und dächtest nur an mich allein."

Ich übte mich in diesem persönlichen Gespräch, und seither hat sich manches bei mir geändert. Die Selbstgespräche hörten auf. Ich hatte jemanden, der mir zuhörte, und in diesem Sprechen mit ihm klärten sich die Dinge. Auch wenn ich niemanden um mich hatte, war ich nicht mehr allein. Und wenn ich jemanden um mich hatte, konnte ich trotzdem in meinem Herzen direkt mit meinem unsichtbaren Begleiter sprechen, mit meinem Schöpfer, der mir vor Jahren schon einmal zugesagt hatte: „Der dich gemacht hat, ist dein Mann." Da fügte sich etwas zusammen, da kam etwas in die Wirklichkeit, was ich lange außer Acht gelassen und so nicht begriffen hatte. Ich merkte, dass ich ruhiger und ausgeglichener wurde. Hoffentlich merkten es die andern auch! Ich konnte mich nun kürzer fassen, und das half in der Kommunikation.

Vierzehn Jahre später. Ende Januar 2008 hatten wir noch einmal eine gemeinsame Teamzeit geplant. Wir trafen uns in einem einfachen Hotel in Guangzhou, der Großstadt über der Grenze. Seit wir 1992 gemeinsam aufgebrochen waren in Richtung China, war viel geschehen. Einige indonesische Freunde waren nur einige Jahre im Team geblieben und hatten sich dann getrennt, um eine eigene Arbeit zu beginnen. Andere waren hinzugekommen. Wir hatten uns über ein Ehepaar gefreut, das sich nach Tibet berufen fühlte. Ihr einziger Sohn war damals schon vierzehn Jahre alt gewesen. Aber nachdem sie fünf Jahre zuerst die Landessprache und dann Tibetisch gelernt und sich richtig eingelebt hatten, hatten auch sie beschlossen, sich von der

Teamfamilie zu trennen. Noch einmal waren zwei junge Familien zu uns gestoßen, die eine mit zwei, die andere mit drei kleinen Kindern. Es bestand Hoffnung, Neues beginnen zu können. Aber es war anders gekommen. Eine dieser Familien war bereits nach Indonesien zurückgegangen, die zweite war auf dem Weg dorthin. Der, der mit seiner Familie am längsten mit uns zusammen gearbeitet hatte, war gekommen, um sich während dieser Teamzeit zu verabschieden.

Unsere Herzen waren schwer, wie es wohl nicht anders sein kann, wenn Kinder in einer Familie erwachsen geworden sind und sich eins nach dem andern verabschiedet, um den eigenen Weg zu suchen. Zugleich waren wir fragend und verwirrt. Was hatte Gott mit uns allen vor? Wir fragten ja nach seinem Willen. War es sein Wille, dass unsere Gemeinschaft in dieser Zusammenstellung zu Ende kam? Es war zum Schluss verschiedentlich zu Verletzungen gekommen, zu Missverständnissen, Schuldzuweisungen.

Wir waren dankbar, dass wir am letzten Nachmittag, nachdem alle internen Fragen besprochen worden und wir der Möglichkeit eines Abschieds ins Auge gesehen hatten, nicht nur unter uns waren. Ein Bruder, der auch anderen Gruppen und Gemeinschaften während ihrer Zusammenkünfte diente, war zu uns gekommen, ein Afro-Amerikaner, schon älter, mit einem so freundlichen Wesen, dass er sofort Vertrauen gewann. Er wusste, in welcher Phase unser Team sich befand, begegnete uns aber frei und offen und war zu allen gleichmäßig freundlich.

Jimmy brachte ein Wort Gottes, dann schlug er eine Zeit längerer Stille vor. In dieser Zeit sollte es nicht um unsere Fragen und Probleme gehen, unsere Arbeit, um unsere

Teamgemeinschaft, nicht einmal um den Ehepartner und die Kinder. Jeder solle ganz allein für sich Gott suchen mit der Frage: „Gott, wie siehst du mich? Was möchtest du mir sagen?“ Er bat uns, aufzuschreiben, was wir hörten, eine für uns recht ungewohnte Sache, aber wir gingen darauf ein.

Es wurde ganz still im Raum und schon bald waren die anderen nicht mehr für uns da. Jeder versuchte, für sich auf die Stimme des Herrn zu hören, nachdem wir zwei Tage so viel aufeinander gehört und miteinander gesprochen hatten. Jeder hörte auf seine Weise, wie der anschließende Austausch zeigte.

In der Stille begann auch ich zu verstehen, was Gott zu mir sagte. Ich verstand es in Englisch, und es war ungefähr dies:

„Ich werde dich nie allein lassen. Wenn du deinen Weg verlierst, werde ich dich immer wieder zurückbringen. Deine Gedanken sind oft sehr emotional, aber ich habe immer Zeit, dir zuzuhören.“ Es war so tröstlich, dies noch einmal zu hören. Ich konnte nur bitten: „Herr, hilf mir und höre nicht auf, mich daran zu erinnern, zuerst mit dir zu sprechen über das, was mich so tief bewegt. Dann ist es einfacher, mich anderen mitzuteilen.“ Und er fuhr fort: „Fürchte dich nicht vor Kritik. Ich wurde auch kritisiert, als ich auf der Erde lebte. Du bist zaghaft, selbst jetzt noch. Aber ich kann dir helfen, deine Zaghaftigkeit zu überwinden. Ich freue mich an deiner Liebe zu allem, was ich geschaffen habe und an deinem gespannten Warten auf den neuen Himmel, die neue Erde und die Wiederherstellung alles dessen, was ich geschaffen habe.“ Ich konnte nur erwidern: „Herr, ich möchte singen von allem, was du geschaffen hast. Ich möchte über deine wunderbaren

Wege schreiben, wie du die Arbeit deines Reiches durch uns tust."

Nach dieser ausgedehnten Zeit der Stille tauschten wir aus. Denen, die weiterziehen wollten, und denen, die etwas ratlos zurückblieben, zu allen hatte Gott auf seine Weise gesprochen. Eine unter uns, die im Aufbruch nach Indonesien war, versprach Gott, sie zurückzubringen in das Land ihrer Berufung. Einen anderen nannte er mit einem neuen Namen, der ihn aufrichtete. Wieder anderen sagte Gott zu, ihre Arbeit zu kennen, die sie getan hatten, und dass die Frucht nicht ausbleiben würde.

Es hatte sich gelohnt, auf Gott zu hören und ihn zu fragen: „Herr, wie siehst du mich?" So oft haben wir Angst, dass Gott uns mit kritischen Augen und strengem Blick ansieht und sehr viel an uns auszusetzen hat, wenn wir ihn zu Wort kommen lassen. Es kann durchaus sein, dass Gott noch viel Unfertiges und Mangelhaftes an uns sieht. Aber seine Art, mit uns zu reden und uns zuzuhören, ist anders als die, in der wir miteinander reden. Er bleibt der Erhabene, der sich in großer Liebe zu uns herabneigt. Gleichzeitig hebt Gott uns auf, und selbst durch seine Zurechtweisung will er uns ermutigen. Es ist Gottes großes Verlangen, uns weiter in sein Bild umzugestalten. Er ist ein Meister in der Wiederherstellung alles dessen, was den ursprünglichen Glanz und die ursprüngliche Freude und Freiheit in uns verloren hat. Er macht uns lebendig durch die Begegnung mit ihm, dem Lebendigen, der lebt von Ewigkeit zu Ewigkeit.

21 Warum sollte ich bleiben?

BRATISLAVA, 2009

Joy war unter den Teilnehmern einer Tagung, die im Herbst 2009 in Bratislava in der Slowakei zusammengekommen waren. Ich nahm zum drittenmal an einer solchen Tagung teil. Das erste Mal hatten wir uns 2005 in Kuala Lumpur, Malaysia, getroffen, und zum zweitenmal 2007 in Alexandria, Ägypten. Da war ich Joy nicht begegnet, während ich viele der anderen Teilnehmer bereits kannte. Die Leiterin der Tagung stellte mich schon am ersten Abend Joy vor und nickte mir zu, an ihrem Tisch Platz zu nehmen. Das war gut so, denn sonst wäre es vielleicht nie zu einem engeren Kontakt gekommen. Joy war eine der ältesten Teilnehmerinnen, redete wenig und beobachtete oft still von weitem, da sie nur mühsam ging und somit oft sitzen blieb, wenn wir anderen uns vorne im Raum zusammenfanden. Sie war Neuseeländerin, unverheiratet, und hatte einen Doktorgrad erworben. Nach Jahren des Wartens war sie 1993 ihrem Ruf folgend in den Osten Russlands gereist. In der Nähe von Wladiwostok begann sie eine Arbeit für Kinder in Not. Viele Missionare waren inzwischen des Landes verwiesen worden. Joy konnte bleiben, weil ihr Doktorgrad ihr eine Stelle als Professor für Anglistik an einer Universität verschafft hatte.

Die eigentliche Arbeit unter „ihren" Kindern, wegen der sie gekommen war, tat sie in ihrer freien Zeit und führte andere in diese Arbeit ein.

Es dauerte lange, bis Joy mehr von sich und ihrer Arbeit erzählte. Aber da wir am ersten Abend zusammen an einem Tisch gesessen und manches ausgetauscht hatten, vertiefte sich unser Kontakt im Laufe der Tagung. Wir hielten „Augenkontakt". Ich hatte ihr am ersten Abend schon von meinen Eltern erzählt, die beide in der Ukraine geboren worden waren, allerdings weit weg von Joys Einsatzort im Osten Rußlands. Joy war eine gute Zuhörerin. So entwickelte sich eine stille Herzlichkeit zwischen uns.

Einmal sah ich bewegt, wie Joy mühsam nach vorne zum Podium ging, um zusammen mit anderen Teilnehmern für sich beten zu lassen. Danach begann sie zu weinen und konnte nicht mehr aufhören. Sie weinte um das Elend des russischen Volkes, seine Armut, seine Unwissenheit, seine Trunksucht, seine politischen Gefangenen in Sibirien und anderen Orten. Sie litt unter dem Mangel an Menschen, die bereit gewesen wären, unter russischen Menschen zu leben, um die Wärme und das Licht Gottes ausbreiten zu helfen. Sie weinte über die geistliche Blindheit seiner politischen Leiter und den Machtanspruch der orthodoxen Kirche, die keine andere geistliche Bewegung neben sich dulden wollte.

Sicher hatte Joy in ihrer Heimat in Neuseeland wenig von der anderen Seite gehört, die mir von Kindheit an vertraut war durch die Verbundenheit unserer Familie mit dem Missionsbund „Licht im Osten". In den nun neunzig Jahren seines Bestehens, durch die ganze lange, dunkle Herrschaft des Sowjetregimes hindurch hatte er Licht und

Hilfe in Russland verbreitet. Joy weinte um Russland und das russische Volk. Und ich, betroffen unter den anderen Teilnehmern sitzend, konnte ihren Schmerz nachfühlen. Ich bin sicher, dass sie an jenem Vormittag durch ihre Tränen das Herz Gottes berührte, der dieses Volk viel mehr liebte, als sie es konnte.

Am letzten Tag zeigte Joy uns noch ihr kleines Fotoalbum. Wir sahen Bilder von Kindern, die sie mit betreuen half. Einige unter ihnen waren geistig und körperlich behindert. Auf den späteren Bildern waren aus diesen Kindern Teenager und junge Erwachsene geworden, die zum Teil auf eigenen Füßen stehen können.

Die gesegnete Tagung, in deren Verlauf wir viel gebetet hatten für Kinder in der ganzen Welt und für die, die ihnen die gute Botschaft von Gottes Liebe brachten, ging zu Ende. Einige unter uns nahmen auch noch an der Wochenendkonferenz in Bratislava teil, aber Joy reiste direkt von unserem Tagungsort weiter. Beim Abschied gab es eine herzliche Umarmung. Ich sagte spontan: „Es tut mir leid, dass du schon abreisen musst." Da kam der ruhige Satz, nur eine Frage: *„Why should I stay?"* (warum sollte ich bleiben?)

Dieser Satz war Joys Abschiedsgeschenk an mich. Es war mir klar, dass nicht viel Korrespondenz zwischen uns folgen würde. Die herzliche Umarmung aber galt und verbindet uns bis in den fernen Osten Russlands. *„Why should I stay?"* Ich hatte gemeint, es wäre doch schön, noch einige Tage in dieser stärkenden Gemeinschaft bleiben zu können. Aber Joy wusste, dass es Zeit für sie war weiterzuziehen. Ohne zu zögern machte sie sich auf den Weg. Ihre Zeit war abgelaufen, ihre Kinder und Mitarbeiter warteten im Osten Russlands auf sie nach einer Zeit der Erholung in Neuseeland.

„Why should I stay?“ Im Laufe der nächsten Tage dachte ich viel über diese ruhige Frage nach. Ich wurde erinnert an den Berg Tabor, wo Jesus kurz vor seinem Leiden ein wunderbares Erlebnis hatte. Er hatte drei seiner vertrautesten Jünger mitgenommen, Jakobus, Johannes und Petrus. Dort oben auf dem Berg sahen sie ihren Meister, von göttlichem Licht umgeben, als das, was er wirklich war, der Sohn Gottes, ganz eins mit seinem Vater im Himmel. Die Stimme Gottes sprach ihm das klar zu: *Dies ist mein lieber Sohn, auf ihn sollt ihr hören.* Eine Wolke der Herrlichkeit umhüllte ihn und die beiden Gestalten neben ihm, die die Jünger aus den Erzählungen und den Schriften ihrer Väter kannten: Mose, dessen Füße nun zum erstenmal auf dem Boden des Verheißenen Landes standen, und den Propheten Elia. Es war so herrlich, so licht und schön, eine solch himmlische Gemeinschaft, dass es den Jüngern die Sprache verschlug. Sie wollten nicht mehr ins Tal hinunter. Sie schlugen vor: *Meister, hier ist gut sein. Lass uns hier bleiben, wenigstens für eine Weile. Wir wollen drei Hütten bauen, dir eine und zwei für Mose und Elia.* Aber Jesu Zeit in der Gegenwart der Herrlichkeit Gottes war abgelaufen. Deshalb machte er sich auf den Weg zurück ins Tal, zurück in den Alltag, zurück zu den anderen Jüngern, die auf ihn warteten mit einer Aufgabe, derer sie ohne ihn nicht Herr wurden.

Warum hätte Jesus bleiben sollen? Die Stunde der Offenbarung war vorüber. Für ihn begann bald darauf seine letzte Wanderung nach Judäa, in sein Leiden hinein, das er seinen Jüngern angekündigt hatte, das sie aber nicht voll verstanden hatten. Noch einmal zögerten sie. „Herr, dort wollten sie dich das letzte Mal steinigen. Warum willst du jetzt gerade dorthin gehen?“ Jesus ging einfach weiter, ihnen voran. Warum sollte er in Galiläa bleiben? Sein Weg ging nach Jerusalem. Und seine Jünger folgten ihm, wenn auch zitternd. Sie wollten bis zuletzt dort sein, wo Jesus war.

Und ich?

Ich wäre an manchen Orten, an denen ich gelebt und gearbeitet habe, gern länger geblieben. Aber Jesus ging weiter, und ich, die ich ihm nachfolgen wollte, musste mitgehen, um bei ihm bleiben zu können. Am schwersten fiel mir das Weitergehen von Basel, wo ich vierzehn volle und schöne Arbeitsjahre verbracht hatte. Fast vierzigjährig fühlte ich mich ganz eingemeindet und sah noch manches, was wir im Agape-Verlag hätten tun können. Dort war meine Identität klar geworden, meine Gaben zusammengeflossen: Kinder und Bücher. Warum sollte ich weggehen und soviel Liebgewordenes und in langen Jahren Aufgebautes aufgeben? Ich konnte die weite Perspektive meiner zweiten Lebenshälfte, die Gott für mich geplant hatte, noch nicht ahnen. Am Ende schaffte Gott es, mich loszureißen, indem er das Nest auf mancherlei Weise aufstörte. In einer Auktion im Februar 1970 boten wir unseren Hausrat feil. Das Haus an der Starenstraße wurde später verkauft. Am Abend des Auktionstages betete Dr. Marthe Ropp, die viele Jahre als Missionsärztin in Indonesien gearbeitet hatte, für mich: „Herr, schließe du nun selbst die Tür hinter ihr zu.“ Und Gott tat es.

Der Abschied nach achtzehn vollen, aktiven Jahren in Indonesien verlief ganz anderes. Als ich nach dem Auslaufen meines Visums, das nicht mehr verlängert wurde, zum erstenmal in Singapur war, ging mir ein Wort immer wieder durch den Sinn: „Graduated!“ Als ob ich ein Examen bestanden hätte und nun auf dem Weg zur nächsten Ausbildungsstufe sei. Obwohl ich auch in Indonesien sehr zu Hause war, die Sprache wie meine Muttersprache sprach, obwohl ich viele Freunde dort hatte, das Wort blieb: „Graduated!“ Why should I stay?

Dann folgten fünfzehn Jahre in Hongkong mit weiten Beziehungen nach China, die durch das indonesische Team entstanden, das mit uns in die gleiche Richtung aufgebrochen war. Für Jahre bildeten wir eine feste Gemeinschaft, wir in Hongkong, sie auf dem Festland. In diesen Jahren ging auch das Wort in Erfüllung, das Gott mir im Blick auf mein weiteres Leben schon in Indonesien gegeben hatte: *Der Acker ist die Welt.* Von Hongkong aus ergaben sich fruchtbare Kontakte nach den Salomonen, den Fiji-Inseln, nach den Philippinen, Bangladesch, Vietnam, Pakistan, Thailand und Kambodscha, Ghana und Ägypten, In manchen Ländern begannen kirchliche Organisationen mit der Übersetzung der in langen Jahren entstandenen *Creative Bible Lessons*.

Aber auch von Hongkong galt es Abschied zu nehmen. Ruth Läufer und ich hatten unser Pensionsalter schon um zehn Jahre überschritten. In mir war eine leise Mahnung „Don‘t become overstayers.“ Ein *overstayer* ist jemand, der zu lange bleibt, wo er hätte weiterziehen sollen, um fruchtbar und frisch zu bleiben. Auch in Hongkong half Gott uns, rechtzeitig Abschied zu nehmen und weiterzuziehen, um unseren letzten Lebensabschnitt im Betreuten Wohnen der Christus-Träger-Schwestern in Haus Mamre in der Nähe von Frankfurt zu beginnen. „Zu nahe am Flugplatz!“, meinten einige Freunde. Aber hier wurden wir 2006 sesshaft, obwohl wir noch jedes Jahr Flugreisen nach Asien machen dürfen. Jedes Mal sind wir dankbar, dass der Frankfurter Flughafen in der Nähe ist!

Wenn dann auch dieser letzte irdische Lebensabschnitt zu Ende geht und ich vor dem Übergang ins ewige Leben stehe, will ich mich an Joys Frage erinnern: „Why should I stay?“ Warum sollte ich bleiben? Es wartet eine Zeit unsagbarer Freude und Freiheit auf uns, eine Zeit, die alle Hoffnungen erfüllen wird in der Gemeinschaft mit dem dreieinigen Gott und seinen Heiligen, mit denen wir die Welt regieren werden nach Gottes Verheißung.

Warum sollte ich bleiben?

Es braucht Mut zum Zurücklassen und zum Weitergehen, aber es lohnt sich!

22 In jedem von uns steckt ein Kalb

RÖDERMARK, 2009

Da war der Satz, mitten in der Fernsehpredigt: „In jedem von uns steckt ein Kalb.“ Jemand im Kreis lachte fröhlich. Der Satz war angekommen und hakte sich fest.

Auch in mir steckt ein Kalb. Ich kenne es. Es äußert sich manchmal in einem unbändigen Verlangen, dass etwas anders sein möchte, als es ist. So, wie mein kleiner Bruder es ausdrückte, wenn er unleidlich war und Mutter ihn fragte: „Bübchen, was willst du eigentlich?“ Da sagte er nur: „Was anderes, was Schönes.“ Das Kalb in einem Vierjährigen! Manchmal macht es uns unruhig und ungeduldig; aber manchmal ist es so voll freudiger Erwartung, dass man meint, gleich müsse die Stalltür aufgehen und das Kalb in das lang erwartete Andere, in das Schöne hinausstürmen.

Der Fernsehprediger hatte über den Text aus Maleachi 3,20.21 gesprochen:

Euch, die ihr meinen Namen fürchtet, soll aufgehen die Sonne der Gerechtigkeit und Heil unter ihren Flügeln. Und ihr sollt herausgehen und springen wie die Mastkäl-

ber. Ihr werdet die Gottlosen zertreten, denn sie sollen Staub unter euren Füßen werden an dem Tage, den ich machen will, spricht der Herr Zebaoth.

Ich habe von der Predigt nicht mehr behalten als diesen einen Satz: „In jedem von uns steckt ein Kalb." Der traf mich existenziell, weil ich das Kalb in mir erkannte. Nehme ich es an, oder stört es mich? Beides! Ich nehme es an, und es stört mich. Es hindert mich daran, mich bequem zurückzulehnen und zu denken, so ist es nun einmal und so wird es wohl bleiben. Sobald dieser Gedanke aufkommt, meldet sich das Kalb in mir. Es will sich nicht zufrieden geben. Es bockt und stößt ungebärdig an seine Stallwände, weil es ihm zu eng wird.

Es gibt aber auch Augenblicke, da hält es sich ganz still. Als ob es sehnsüchtig zu träumen beginnt. Es träumt von einer grünen Frühlingsweide voll frischer, saftiger Kräuter, von Sonnenschein, von Weite unter einem blauen Himmel. Es weiß, es wird nicht immer in diesem Stall bleiben. Die Stalltür wird aufgehen. Es wird hinausstürmen und Kräfte entfalten, die im Stall brachlagen.

Von solchem Träumen lässt Matthias Claudius seine Sternseherin Lise sagen, die nach getaner Arbeit, wenn alles im Haus ruhig geworden ist, zum Sternhimmel aufsieht.

Dann saget unterm Himmelszelt
mein Herz mir in der Brust:
„Es gibt was Bessres in der Welt
Als all ihr Schmerz und Lust."
Ich werf mich auf mein Lager hin
und liege lange wach,

und suche es in meinem Sinn
und sehne mich danach.

Das Kalb in der Sternseherin!

Unvernünftig? Irrational? Spinnerei? Aber was soll man machen? Soll man das Kalb zum Schweigen bringen, es schlachten? Nein, lieber nicht. Lassen wir es leben, denn es hat recht. Es tut, was es tut – das An-die-Wände-Hämmern und das Träumen – aus berechtigter Hoffnung. Die Stalltür wird eines Tages aufgehen! Diese Hoffnung hilft ihm, die Tage im Stall zu ertragen …

Aber leben wir denn in einem Stall? Wir essen und trinken, wir haben ein Dach über dem Kopf und leben in Gemeinschaft. (Das Kalb übrigens auch!) Uns fehlt ja im Grund nichts. Wir gehen unserem Beruf nach, wir verwirklichen unsere Pläne, wenn auch nicht immer, denn es geht ja nicht alles glatt. Oder wir leben in unserem sogenannten Ruhestand. Woher dann das Gefühl der Enge, das uns immer wieder einmal überfällt? Ist es der Stallgeruch der Alltäglichkeit? Die täglichen gewohnten Griffe? Die gleichen Probleme im Zusammenleben, im Miteinander der Generationen, die wir noch immer nicht überwinden konnten? Bei uns Älteren kommen Mühen und Leiden dazu, die ein langes Leben zu haben scheinen. Wir stoßen schmerzlich an unsere Grenzen, wie ein Kalb an seine Stallwände.

Wir versuchen uns zu entspannen und fahren in den Urlaub. Aber gerade dann, wenn Ruhe und landschaftliche Schönheit uns umgeben, wacht die Sehnsucht wieder auf. So wie bei der Sternseherin, die nach getaner Arbeit unter einem strahlenden Sternenhimmel steht. Warum gerade dann das sehnsüchtige Fragen und Suchen? Das Kalb in uns hebt den Kopf: „Es gibt etwas Besseres, etwas noch Schöneres!"

Dabei geht es ja nicht nur um unser persönliches Leben, es ist auch die Ungerechtigkeit, die Gleichgültigkeit oder der Widerspruch gegen Gott, den Schöpfer Himmels und der Erde, der sich mehr und mehr ausbreitet und unsere Erde vergiftet auf tausenderlei Weise, ob es uns nun persönlich trifft oder nicht. Das Fernsehen bringt alles in unsere Wohnung und in unser Bewusstsein. Wir leiden mit, und so sollte es auch sein. Dann verstehen wir, was David, unter dem Druck der Verfolgung stehend, sehnsüchtig ausruft: *O hätte ich Flügel wie Tauben, dass ich wegflöge und Ruhe fände! So wollte ich in die Ferne fliehen und in der Wüste bleiben. Ich wollte eilen, dass ich entrinne vor dem Sturmwind und dem Wetter* (Psalm 55).

Gott will, dass wir eines Tages an einen solchen Zufluchtsort, in die Freiheit, die Weite gehen sollen. Das ist Gottes feste Verheißung, die ihre Schatten vorauswirft, in unseren Alltag hinein. Das spürt das Kalb in uns, ehe unser Verstand es erfassen kann. *Euch, die ihr meinen Namen fürchtet, soll aufgehen die Sonne der Gerechtigkeit und Heil unter ihren Flügeln und ihr werdet hinausgehen und hüpfen wie die Mastkälber … an dem Tag, den ich machen werde, spricht der Herr Zebaoth.*

Wann wird dies sein? An dem Tag, den der Herr machen wird. Das ist genug.

Dieser Tag wird kommen, Gott hat es verheißen. Es wird für jeden von uns, die wir seinen Namen fürchten, ein Gehen aus der Enge unserer alten Welt in die Weite seiner neuen Welt sein, wo alle Sünde, alle Versuchung, alle

Ungerechtigkeit, alles Leid, das wir in unserer gefallenen Geschöpflichkeit mit der gesamten Kreatur erleiden, ein Ende haben wird. Wo wir in die Gegenwart Gottes treten. Danach wird dann der Tag kommen, den Maleachi eigentlich meint, an dem alle, die Gott fürchten, gemeinsam in die Freiheit kommen. Dann wird – unter Mitwirkung der Gottesfürchtigen – ein Ende gemacht werden mit aller Feindschaft, allem Widerspruch, aller Rebellion gegen Gottes Heiligkeit und sein Heil, mit aller Gottlosigkeit...

„Ich bin wohl noch nicht fertig mit meinen Hausaufgaben", sagte mein 92-jähriger väterlicher Freund Cornelius Wall, als ich in Amerika an seinem Krankenbett saß. Seine Frau war ihm vorausgegangen.

Also, machen wir uns an unsere Hausaufgaben – in Hoffnung und Vorfreude –, bis die Stalltür aufgestoßen wird und wir aus der Enge in die Weite gehen werden an dem Tag, den Gott machen wird, an dem die Sonne der Gerechtigkeit über uns aufgehen wird mit Heil unter ihren Flügeln; dann werden wir hüpfen wie die Mastkälber.

Bis dahin wollen wir das Kalb in uns leben lassen.

23 Es ist genug da für alle

RÖDERMARK, 2010

Die Weihnachtszeit war vorbei. Das Jahr 2010 hatte seinen Einzug gehalten mit viel Kälte und Schnee. Langsam machte der Weihnachtsschmuck den Winterdekorationen in unseren Stockwerken und Fluren Platz. Das kleine Schild „Welcome Winter" auf der Brust eines hölzernen Schneemanns war ein überflüssiger Satz in diesem schneereichsten Winter seit über dreißig Jahren. Ich begegnete einer alten Dame im Lift, die es ausdrücken konnte: „Auf dem Schild sollte stehen ‚Good bye, Winter'."

Am 8. Januar morgens hörte ich ein überraschendes Wort in meinem Herzen und dieses soll nun über dem letzten Kapitel dieses Buches stehen, das ich schon abgeschlossen wähnte: „Es ist genug da für alle!"

Ich empfing den Satz unmittelbar nach dem Lesen der Losungen: *Du sollst den Herrn, deinen Gott, liebhaben von ganzem Herzen, von ganzer Seele, und mit aller deiner Kraft* (5. Mose 6,5). *Daran wird jedermann erkennen, dass ihr meine Jünger seid, wenn ihr Liebe untereinander habt* (Johannes 13,35).

Weil in den Bibeltexten von unserer Liebe zu Gott und den Menschen die Rede ist, überraschte mich der Satz zunächst, was immer ein gutes Zeichen ist. Ich hatte ihn mir nicht selbst gesagt. Er enthielt eine Zusage unseres himmlischen Vaters, und keine Forderung: „Es ist genug da für alle." Das Gegenteil ist viel öfter unsere Erfahrung, dass es eben nicht für alle reicht. Je mehr Nachrichten über die Medien in unsere Wohnzimmer kommen, desto mehr erfahren wir über den Mangel in den armen Ländern unserer Welt. Nicht für alle ist sauberes Trinkwasser da. Nicht alle können sich satt essen. Selbst in Deutschland leben heute viele Menschen unter der Armutsgrenze, für die Suppenküchen eingerichtet werden müssen. Es ist nicht genug da für alle.

Dass es nie für alle reicht, wurde uns besonders in China deutlich. Wir waren überrascht, welch hohen Stellenwert das Essen für Chinesen hat. Oft begrüßt man sich um die Mittagszeit statt mit einem freundlichen „Ni hao ma?" (wie geht es dir?) mit dem Satz: „Ni chi fan le ma?" (hast du schon gegessen?) Man erklärte uns, dass China, wo es ja nur 15 % anbaufähiges Ackerland gibt, schon in früheren Jahrhunderten seine vielen Einwohner nicht ausreichend ernähren konnte. Es reichte nie für alle. So muss sich eine kollektive Volkserinnerung gebildet haben, aus erfahrenem Hunger heraus. Bis heute ist eine reichliche warme Mahlzeit für Chinesen sehr wichtig und wertvoll.

Dass es nie für alle reichte, wurde auch auf anderen Gebieten deutlich, zum Beispiel bei den Verkehrsmitteln. Von Hongkong kommend waren wir es gewohnt, dass sich an Bushaltestellen lange, wohlgeordnete Menschenschlangen bildeten; jeder wartete geduldig, bis er an der Reihe war und einsteigen konnte. Im China der Neunzigerjahre gab es an den Bushaltestellen ein Drängeln und Stoßen, dass es einem den Atem verschlug. Die Stärksten gewannen oder die Entschlossensten! Wenn man nicht aufpasste, war man im Handumdrehen weggedrängt von solchen, die fest entschlossen waren, mit diesem Bus mitzukommen und es durchsetzten. Sie ließen in ihrem Gedrängel um einen Platz andere Wartende hinter sich – uns auch – die eben auf den nächsten Bus warten mussten. So ging es uns in Guangzhou einmal. Zurückgedrängt vom Einsteigen in den ersten Bus warteten wir auf den nächsten und nahmen uns fest vor, diesmal die ersten beim Einsteigen zu sein. Wir standen auch als Erste in der Reihe. Aber ehe wir uns versahen, waren wir wieder von allen Seiten weggedrängt. Einer der Drängler winkte uns Zurückbleibenden von seinem Sitz in der vordersten Reihe des großen Busses fröhlich zu. Uns blieb nichts anderes übrig, als ein Taxi zum Bahnhof zu nehmen. Es gab in China einfach nicht genügend Verkehrsmittel für alle.

Nicht nur in materiellen Dingen reicht es selten für alle. Es gibt seelischen Mangel, seelische Armut, in reichen und armen Ländern, die aus einem Mangel an Liebe und Zuwendung stammen. Dieser Mangel trifft Kinder besonders schwer, weil sie dadurch an einer gesunden Entwicklung gehindert werden. Manchmal sind in einer Familie zuviele Kinder da, sodass nicht alle in gleicher Weise beachtet werden. Manchmal sind Eltern mit Sorgen überlastet oder erleben Frust am Arbeitsplatz. Die Mutter findet beim Heimkommen noch eine Menge Hausarbeit vor, sodass auch ein oder zwei Kinder nicht das Maß an Aufmerksamkeit, Zeit und Liebe bekommen, das sie zu ihrer seelischen Entwicklung brauchen.

Wie oft habe ich darunter gelitten, dass nicht genug Zeit da war. Das machte mich ruhelos, weil ich nicht das schaffte, was ich mir vorgenommen hatte. Der Satz: „Time is redeemed“ („Zeit ist erlöst“), den wir auch einmal empfingen, ist mir bis heute nicht völlig erschlossen.

Es ist genug da für alle! Ich atmete befreit auf. Dann dachte ich noch einmal an die Losungen, die ich gelesen hatte: *Du sollst Gott, deinen Herrn, lieben von ganzem Herzen, von ganzem Gemüte und mit allen deinen Kräften.* Als Ergänzung dazu heißt es im Neuen Testament: *Lasset uns ihn lieben, denn er hat uns zuerst geliebt* (1. Johannes 4,19). Also ist Gott es, der uns mit seiner Liebe umfängt, ehe wir überhaupt beginnen können zu lieben: Gott und die Menschen zu lieben. Nicht umgekehrt!

Auch Gottes Gnade reicht für alle. *Aus seiner Fülle haben wir alle genommen Gnade um Gnade,* bezeugt der Apostel Johannes in seinem Evangelium 1,16. Der Evangelist Lukas hat für uns eins der schönsten Gleichnisse Jesu aufgeschrieben. Der jüngste Sohn hatte das Vaterhaus verlassen, um sein eigenes Glück zu suchen Als er unter den Schweinen saß, sagte er zu sich: *Wie viele Tagelöhner hat mein Vater, die Brot die Fülle haben, und ich verderbe im Hunger.* Es war genug da für alle am Tisch seines Vaters. Alle wurden satt. Wenn der jüngere Sohn zurückgehen und sich an den Tisch des Vaters setzen würde, würde er niemanden verdrängen. Es reichte für alle, und auch für ihn. Er hatte sich selbst ausgeschlossen von den guten Gaben.

So ist es bis heute. Im Hause unseres himmlischen Vaters ist die Fülle. Aber sie ist an ihn gebunden, an seine Gegenwart; sie ist nur in seiner Nähe zu haben. Wer von ihm weggeht, endet im Mangel, in der Wüste.

Gottes Brünnlein hat Wassers die Fülle (Psalm 65,10). Wie durstig sind wir alle nach Leben, nach Lebenssinn und Lebenserfüllung, nach Freude, auch nach Wissen. Soviel Durst! Auch dieser Durst kann gestillt werden. Gottes Wort wird mit einem Brunnen verglichen, mit Wasser, das immer erfrischt, weil es das Wasser des Lebens ist. Gott hat einen Brunnen, aus dem wir trinken können, ohne andere wegstoßen zu müssen. Es ist genug da für alle. *Wer Durst hat, der komme und trinke,* lautet Jesu Einladung, die allen gilt.

Wenn wir an Gottes Reichtum satt geworden sind und uns satt getrunken haben, dann breitet sich eine tiefe Ruhe, ein Gestilltsein, in unserem Herzen und unserem ganzen Wesen aus. Dann weicht die Sorge, dass ich vergessen bin, dass Gott andere lieber hat als mich. Dann fühle ich mich reich, beachtet, aufs Beste versorgt. Dann kann ich auch andere einladen, zu Gott, dem reichen Vater zu kommen. Es ist von allem genug da – für alle.

Das Radiostudio auf dem Bibelschulgelände in Indonesien half uns in unserem letzten Jahr, Videoaufnahmen zu machen, nachdem wir die Lektionen für die jüngsten Kinder geschrieben und getestet hatten. Dieses Video sollte später im Unterricht für Kinderarbeit als Anregung gezeigt und besprochen werden. Wir wählten das Gleichnis vom königlichen Hochzeitsmahl. Nachdem die Kinder die Geschichte gehört hatten, durften sie sie zu ihrer Freude nachspielen. Die Lehrerin verteilte die Rollen: Da war der König vor seinem gedeckten Tisch mit Keksen, Saft und einem Obstteller, da war der Bote, der die drei eingeladenen Männer mitbringen sollte, die aber nicht kommen wollten, da waren die Armen, die in einer Ecke des Raumes auf dem Boden hockten.

Der absolute Höhepunkt in diesem einfachen Nachspielen der biblischen Geschichte war der Moment, als der kleine König die Armen zu sich an seinen gedeckten Tisch kommen sah. Er zeigte begeistert auf die guten Sachen, breitete die Arme weit aus und rief überglücklich: „Ihr dürft alle, alle kommen und essen!“

Und das Nachspiel? Mit langen Gesichtern saßen die drei Jungen, die ihre Rollen gut gespielt und gern und kräftig „nein“ zu der Einladung des Boten gesagt hatten, auf ihren Plätzen. Natürlich bekamen sie am Schluss auch noch einen Keks. Es war ja nur ein Rollenspiel gewesen. Aber in Wirklichkeit wird es nicht so sein. Die, die sich selbst ausschließen, so sagt Jesus am Schluss des Gleichnisses, werden nichts von den Köstlichkeiten am Tisch des Vaters zu schmecken bekommen (Lukas 14,24).

Es bedrängt mich immer wieder die Frage, warum für so viele Menschen unserer Zeit die Einladung zum Festmahl unseres himmlischen Vaters so wenig bedeutet. Es sind oft die voll im Lebenden Stehenden, aber auch die, die schon im „Ruhestand“ sind und kurz vor den Toren der Ewigkeit stehen. Ist die Einladung nicht klar genug? Sind die Einladenden nicht glaubwürdig?

Johannes Bours deutet in seinem letzten Buch *Ich werde ihm den Morgenstern geben* auf etwas hin, das uns zu denken geben sollte: „Man kann da sein, aber das Dasein ist nicht geöffnet. Es ist sich selbst genügend. Offenbarung 3,17. Es ist keine Bedürftigkeit da! Keine Sehnsucht! Das Leben hat keine Richtung, es begibt sich in sich selbst.

So ist es dann auch nicht gerichtet auf diese Zu-kunft, auf diesen Zu-kommenden, und hört seine Schritte nicht und seine Stimme und sein Anklopfen nicht. ‚Nichts fehlt mir.‘ Die wörtliche Übersetzung ist noch genauer: ‚Ich habe niemanden nötig.‘ Viele Gestalten solchen Lebens gibt es: ‚Wir können auch so gut leben, wir brauchen das nicht.‘“[1]

Gottes Einladung gilt noch. Es beginnt jedoch nicht mit dem Festmahl, sondern mit der Aufforderung, ihn zu fürchten, zu ehren, ihn anzubeten. Johannes sieht in einer Schau den Engel, der die wohl letzte Einladung den Bewohnern der Erde bringt, Offenbarung 14,6.7: *Und ich sah einen anderen Engel fliegen mitten durch den Himmel, der hatte ein ewiges Evangelium zu verkündigen denen, die auf Erden wohnen, allen Nationen und Stämmen und Sprachen und Völkern. Und er sprach mit großer Stimme: Fürchtet Gott und gebt ihm die Ehre; denn die Stunde seines Gerichts ist gekommen! Und betet an den, der gemacht hat Himmel und Erde und Meer und die Wasserquellen!*

Aus allem Mangel heraus, selbst noch während der beginnenden Gerichtszeit Gottes, dürfen wir seine Einladung annehmen, um Leben und volles Genüge zu finden (Johannes 10,10). Aber wir müssen sie hier und jetzt annehmen. Dann werden wir einmal unter denen sein, für die Gott die Tür zum Hochzeitssaal weit aufmachen wird. Er wird seine Arme ausbreiten und rufen: *Ihr dürft alle kommen und essen. Es ist genug da für alle!*

---

1 Johannes Bours, *Ich werde ihm den Morgenstern geben,* S. 82f. Herder, Freiburg im Breisgau 1988.

Nachwort

Die Entstehung dieses Buches sehe ich als Erhörung eines Stoßgebets, das immer wieder einmal aus meinem Herzen zu Gott aufstieg. Während intensiver Jahre des Schreibens und Unterrichtens fand ich kaum Zeit festzuhalten und zu gestalten, was um mich herum und in mir geschah, was aber sehr wesentlich war. Neben Tagebucheintragungen, einigen Artikeln und einem gelegentlichen Gedicht entstand nichts anderes als das, was in der Gegenwart mein Auftrag war: Kindern Gottes Wort auszulegen in einer ihnen verständlichen Art und andere anzuleiten, diese Geschichten zu den Kindern zu bringen. So bat ich Gott, in mir zu bewahren, was ich sonst noch schriftlich gestalten wollte, damit es mir später zur Verfügung stünde.

Als ich – noch in Hongkong – begann, mir Gedanken darüber zu machen, wie sich mein Ruhestand gestalten würde, kam der innere Hinweis: „Du kannst schreiben." Nur das. Da ich bis dahin kaum etwas anderes getan hatte als zu schreiben, musste etwas anderes damit gemeint sein als das, was ich bis jetzt getan hatte.

Im fünften Jahr meines Ruhestandes begann ich, geordnet Sätze aufzuzeichnen, die wegweisend für mein Leben gewesen sind. Psalm 92,14.15 war dabei Verheißung und Auftrag: *Die gepflanzt sind im Hause des Herrn, werden in den Vorhöfen unseres Gottes grünen. Und wenn sie auch alt werden, werden sie dennoch blühen, fruchtbar und frisch sein, dass sie verkündigen, wie der Herr es recht macht: Er ist mein Fels und kein Unrecht ist an ihm.* So ist nun dieses Buch entstanden mit seinem Untertitel: Sätze, die mein Leben prägten.

Ich danke dem Lektor des Neufeld Verlages, Dr. Thomas Baumann, und David Neufeld als Verleger, dass sie dem Buch so bereitwillig Flügel geben wollen.

Anni Dyck, Rödermark, Oktober 2010

Anni Dyck

Geboren 1931 in Wernigerode/Harz. Nach der Flucht in den Westen machte sie eine Ausbildung als Erzieherin in Stuttgart. Anschließend studierte sie zwei Jahre in den USA Bibel und Christliche Unterweisung. Danach arbeitete sie jahrzehntelang an der Erstellung und Entwicklung von Material für Sonntagsschulen sowie Kinderbibelfreizeiten und schulte Mitarbeiter, zuerst in der Schweiz, dann in Indonesien, in Hongkong und anderen Ländern.

Seit 2006 lebt Anni Dyck im Ruhestand in der Nähe von Frankfurt. Von dort aus ist sie noch ab und zu unterwegs, hauptsächlich in Asien.

18.4.1931	Geboren in Wernigerode/Harz
1946	Flucht in den Westen
1949	Mittlere Reife in Korntal, Württemberg
1951–1953	Ausbildung im Fröbel-Seminar, Stuttgart
1954–1956	USA: Studium am *Goshen College,* Indiana, und *Bethel College,* North Newton, Kansas, mit Schwerpunkt *Christian Education*
1956–1970	Agape-Verlag Basel, Schweiz
1970/71	Missionskandidatin im WEC, Vockenhausen
1971–1989	Erstellung von Sonntagsschulmaterial in Batu, Indonesien
1983–1985	Studium in Indonesien und USA, *Master of Arts in Religious Studies*
1989	Rückkehr nach Deutschland
1991	Gründung des Vereins *Brücke der Freundschaft*
1992–2006	Übersiedlung nach Hongkong. Übersetzung des indonesischen Sonntagsschulmaterials und Schulungen für Kinderarbeit in asiatischen Ländern, in Ghana und Ägypten
2006	Umzug nach Deutschland in den tätigen Ruhestand in Rödermark, Hessen